법륜·하나

부처님, 그분
생애와 가르침

삐야닷시 스님 지음 | 정원 김재성 옮김

고요한소리

THE BUDDHA

HIS LIFE AND TEACHING

PIYADASSI THERA

The Wheel Publication No.5 A/B
Buddhist Publication Society
Kandy, Sri Lanka
1958, 1990, 2008

일러두기

* 이 책에 나오는 경經의 출전은 영국 빠알리성전협회PTS에서 간행한 로마자 본
  빠알리 경임.
* 로마자 빠알리어와 영문 책 제목은 이탤릭체로 표기함.
* 각주는 원주原註이며, 역자주는 [역주]로 표기함.
* 이 책의 2008년 개정판은 다음 웹사이트를 참조함.
  http://www.bps.lk/new_wheels_library/wh005-p.html

차 례

그분 세존·응공·정등각자께 귀의합니다.

Namo tassa bhagavato arahato sammāsambuddhassa!

서론

세월은 끊임없이 흘러가지만 부처님께서는 조금도 멀리 계시는 것 같지가 않다. 그분의 목소리는 지금도 우리 귓전에 속삭이듯 일러주고 있다. 삶의 투쟁에서 도망치지 말고 냉철한 눈으로 맞서라고. 그리하여 이생에서 더 큰 향상과 성숙을 위한 기회를 찾으라고.

인격은 예나 다름없이 지금도 매우 값진 것이다. 부처님처럼 인류의 마음속에 깊은 감동을 주고 뇌리에 깊은 사상을 남겨 오늘날까지도 그를 생각하면 생기가 돌고 마음을 떨리게 하는 분이야말로 참으로 경이로운 인물임이 틀림없다. 바르트Barth가 '그분이야말로 고요하고 부드러운 위엄을 지녔고, 살아 숨 쉬는 그 모두에 대해 인자하고 고통 받고 있는 모두에 대해 한없는 연민을 지녔다. 그리고 모든 편견에서 벗어나 완전한 도덕적 자유를 성취한 분으로, 더할 나위 없이 완벽한 귀감이다'라고 말하였듯이.[1]

그분의 메시지는, 형이상학적인 미묘한 문제에 익숙해진 사람이라면 누구에게나 낯익은, 그러면서도 항상 새롭기만 한 근원적 메시지로서, 지성인들의 창조적 상상력을 사로잡았을 뿐 아니라 모든 사람들의 마음속 깊이 스며 있다.[2]

불교는 인도의 바라나시(베나레스)시市 근처, 사르나트의 녹야원에서 탄생하였다. 처음에는 겨우 다섯 제자와 더불어 시작됐지만 수많은 나라로 전파되었고 오늘날에는 6억이 넘는 인류가 신봉하는 세계종교가 되었다. 이렇듯 장족의 발전을 이룰 수 있었던 것은 불교가 본래 지니고 있는 가치와 합리적 정신에 호소하는 설득력 때문이었다. 그러나 그 밖에도 불교의 발전을 도운 여러 가지 요인이 있었다. 전법을 담당한 사람들dhammadūta이 불법을 전할 때, 결코 삿된 방법을 사용한 적이 없었다는 점도 그 요인 중의 하나이다. 그들이 사용한 유일한 무기는 바로 보편적

1　쟈와할랄 네루, 《인도의 발견 *The Discovery of India*》(켈커타판, Signet Press, 1946) 143쪽.

2　같은 책, 137쪽.

인 사랑[慈]과 연민[悲]이었다.

또, 다른 나라에 전파되는 과정에서 기존의 신앙을 깨뜨리지 않고 평화롭게 전해졌다는 점 역시 한 요인이라 할 수 있다. 종교사에서 유례가 드문 대대적 전법을 하면서도 무력이나 강제적 수법, 그 밖에 어떤 비난받을 방법도 쓴 적이 없었던 것이다. 불교도들이 강제로 개종을 종용한 적은 없었다. 그런 일은 부처님이나 그 제자들이 무척 못마땅하게 여겼다. 불교가 다른 종교를 헐뜯는 일은 일찍이 없었다. 그처럼 평화로웠기 때문에 불교는 문명 세계의 다양한 문화권 속으로 널리 전파될 수 있었다.

리스 데이비즈 박사[3]는 말한다.

---

3 [역주] 리스 데이비즈Dr. T. W. Rhys Davids: 영국의 언어학자. 19세기 말부터 20세기 전반에 걸쳐 부인과 더불어 빠알리어와 초기불교 연구에 큰 기여를 했음. 특히 빠알리성전협회Pāli Text Society(약자로 P.T.S.)를 창설, 초대 회장직(1881~1922)을 맡아서 빠알리경의 로마자字 본 출판 및 영역英譯 사업을 헌신적으로 전개, 서방세계에 초기불교를 소개 보급하는 데 중추적 역할을 수행했음.《장부 Dīgha Nikāya》의 영역 등 많은 저술을 남겼으며, 특히 빠알리-영어사전(Pāli-English Dictionary, 1921)은 오늘날에도 학술적으로 가치를 인정받고 있는 대작이다.

내가 알기로는, 불교의 긴 역사를 통틀어 아무리 장기간에 걸쳐 최고의 위상에 있던 곳일지라도 불교도들이 타종교인을 박해한 기록은 찾아볼 수 없다.

I 위대한 출가

탄생

이 위대한 종교[4], 불교의 창시자인 붓다께서는 2500
여년 전에 살았고, 고따마 싯닷타*Gotama Siddhattha*[5]라
는 이름으로 알려져 있다. 그분의 아버지, 숫도다나
Suddhodana[정반淨飯]는 크샤트리아[6]에 속한 왕으로 현재
네팔 국경지역 근처의 까삘라왓투[迦毘羅城]에서 사꺄[釋
迦]족의 영토를 통치하고 있었다. 그는 고따마 가문 출신
이었으므로 고따마 숫도다나라고 불리었고 그의 왕비는
이웃 꼴리야족의 공주 마하마야였다.

---

4 여기에서 종교religion라는 말은 흔히 이해되고 있는 서구적인 의미에서
가 아니라 '삶의 방식way of life'이란 뜻으로 씀.

5 산스크리트어로는 *Gautama*(성) *Siddharttha*(이름)

6 무사계급

서기 전 623년 오월 보름날 봄철, 나무는 잎과 꽃·열매가 무성하고 사람과 새·짐승이 모두 즐거움에 젖어 있을 때였다. 그때 마하마야 왕비는 당시 풍습에 따라 아기를 낳기 위해서 성대하게 꾸민 마차를 타고 까삘라왓투를 떠나 친정인 데와다하로 여행하고 있었다. 하지만 여행은 중도에 끝나 버렸다. 왕비는 두 도시 사이에 위치한 아름다운 룸비니 동산에 이르자 꽃이 만발한 무우수無憂樹 Sal tree 아래서 아들을 낳았다.

룸비니(현 지명은 룸민데이)는 바라나시에서 북쪽으로 160킬로미터 거리에 있으며 눈 덮인 히말라야의 영봉을 바라볼 수 있는 곳에 위치해 있다. 그로부터 316년 후 아쇼카 황제[7]는 이곳에 싯닷타 왕자가 태어난 성지임을 표시하는 거대한 석주石柱를 세웠다. 석주에는 아쇼카 문자 93자로 된 다섯 줄의 명문銘文이 새겨져 있는데 그 가운

---

7 [역주] 아쇼카 황제: 인도를 최초로 통일시킨 왕. 보리수잎·일곱 《미래의 종교, 불교》, 〈고요한소리〉 주 6 참조.

데는 다음과 같은 구절이 있다.

석가족의 성자, 붓다, 여기서 탄생하셨도다.

hida budhe jāte Sākyamuni

이 거대한 석주는 지금도 볼 수 있다. 서기 7세기 중엽 중국의 구법승 현장법사가 여기에 왔을 때는 석주는 이미 벼락으로 부러져 있었지만 '어제 깎은 듯 생생하다'고 했다. 그 후 오랫동안 잊혀오던 룸비니 동산은 저명한 고고학자 커닝엄 장군[8]에 의해 발굴, 확인됨으로써 룸비니의 전설이 역사적 사실로 입증되었다.

---

8 [역주] 커닝엄Sir Alexander Cunningham(1814~1893): 영국 런던 웨스트민스트 출생. 인도 고고학의 아버지라 불림. 19세에 벵갈 엔지니어로 입대, 28년간 군에 복무, 소장으로 예편. 군복무 중에 인도 고고학에 전념. 1834~1854년까지 마니칼라, 사르나트, 산치, 비슬라 등의 유적을 발굴. 유적지 발굴을 통하여 불교역사의 재발견을 이룸. 만년에는 화폐학 연구에 전념하다가 런던에서 사망. 《인도의 고대 지리학》(1871), 《바르후트의 탑파》(1879) 등 다수의 저작과 〈캐시미르 사원에 대한 일련의 저작〉 외 24권의 고고학 보고서를 남겨 인도 역사가들에게 귀중한 문헌이 되고 있다.

왕자가 태어난 지 닷새째 되던 날, 왕은 여덟 명의 현자를 청하여 아기의 이름을 짓고 또 왕자의 앞날을 점쳐 달라고 부탁했다. 현자들은 왕자에게 '목적을 달성한 사람'이란 뜻으로 싯닷타란 이름을 지어 주었다. 그 바라문들은 심사숙고한 후 일곱 명은 두 손가락을 펴 보이면서 말했다.

오! 왕이시여! 이 왕자가 왕위에 오르면, 온 세상의 통치자인 전륜성왕轉輪聖王 *Cakravarti*이 되어 세계를 다스릴 것입니다. 그러나 만약 세속을 떠나 출가한다면 왕자님은 최상의 깨달음을 얻은 분[正等覺者]이 되어 인류를 무지에서 구해낼 것입니다.

그러나 그 중 가장 현명하고 젊은 꼰단냐만은 왕자를 바라본 후 오직 한 손가락만 들어 보이면서 말했다.

오! 왕이시여! 이 왕자는 언젠가는 진리를 찾아 떠날 것입니다. 그래서 최상의 깨달음을 얻은 분이 될 것입니다.

왕자가 태어난 지 이레 만에 어머니 마하마야 왕비가 세상을 떠났다. 아기는 이모 고따미 빠자빠띠가 길렀다. 이들이 아기에게 쏟은 정성은 극진하여 아기는 온갖 호강을 다 누리며 자랄 수 있었다. 그러나 한편으로 부왕은 왕자로서 받아야 할 교육에도 세심한 배려를 잊지 않았다. 왕자는 갖가지 학문에 능통하였고 무술에 있어서도 누구보다 뛰어났다. 그럼에도 불구하고 싯닷타 왕자는 어린 시절부터 가끔 깊은 명상에 빠져들곤 하였다.

네 가지 충격적인 체험

왕자가 장성하자 부왕은 아들이 결혼을 하고 가정을 이루어 왕실의 훌륭한 후계자가 되어주기를 간절히 바랐다. 현자 꼰단냐의 충격적인 예언이 항상 뇌리를 떠나지 않았고 정말 어느 날엔가 왕자가 훌쩍 집을 떠나 고행자의 떠돌이 생활로 뛰어들까 봐 두려운 마음을 떨칠 수 없었기 때문이었다. 그리하여 당시의 관습대로 왕자를 열여

섯 살 어린 나이에 아름다운 야소다라 공주와 결혼시켰
다. 공주는 꼴리야 성의 숩빠붓다 왕과 빠미따[9] 왕비의
외동딸이자 왕자의 외사촌이었으며 왕자와 동갑이었다.

　부왕은 왕자를 위해 최상의 안락한 환경을 마련해 주
었다. 전하는 이야기에 의하면, 왕자는 인도의 세 계절에
맞는 궁전을 각기 하나씩 가지고 있었다. 세속생활의 즐
거움이라면 무엇 하나 빠진 것이 없는 가운데 춤과 노래,
사치와 쾌락에 파묻혀 괴로움이라고는 전혀 모르고 살았
다. 그러나 이렇듯 아들을 쾌락 속에 묻히게 하여 세속에
붙잡아두려는 부왕의 노력도 결국은 허사였다. 호기심 어
린 아들의 눈으로부터 인생의 모든 고苦를 감추려는 숫
도다나 왕의 노력은 오히려 싯닷타 왕자의 탐구심만 키워
주어 결과적으로 진리와 깨달음을 구하려는 결의를 더욱
굳혀 줄 따름이었다. 나이가 들면서 왕자는 차츰 세상의
비애에 대하여 눈을 뜨기 시작하였다.

9　[역주] 《빠알리 고유명사사전 *Dictionary of Pāli Proper Names*》(PTS)에는
　아미따*Amitā*로 되어 있음(부록 참조)

어느 날 왕자가 마부 찬나를 데리고 왕실 정원으로 가다가 일찍이 보지 못했던 놀라운 광경을 목격하였다. 어느 노쇠한 늙은이가 기력이 완전히 쇠잔하여 슬픈 목소리로 울부짖고 있었다.

왕자님, 도와주세요. 나를 일으켜 세워주세요. 제발, 좀 도와주세요. 집에도 못 가고 죽을 것 같아요.[10]

이것이 왕자가 경험한 최초의 충격이었다. 두 번째는 가죽과 뼈만 앙상하게 남은 버림받은 한 사내의 모습을 본 것이었다. 병 때문에 전신의 기력이 탈진하여 인간다운 우아함이나 기쁨이라곤 전혀 찾아볼 수 없는 비참한 모습이었다.[11] 세 번째는 사랑하는 사람의 시신을 메고 화장터로 가면서 비통해하는 어느 친족들의 장례행렬을 만난 것이었다. 생전 처음 보는 이런 비참한 광경에 왕자는 엄

---

10 에드윈 아놀드, 《아시아의 빛》, 보스톤, 1914
11 같은 책

청난 충격을 받지 않을 수 없었다. 더욱이 마부의 말에 의
하면 그 자신도, 사랑하는 아내 야소다라도, 그 밖의 모
든 친척들도, 아니 그 누구도 예외 없이 늙고, 병들고, 죽
기 마련이라고 하지 않는가.

이런 일이 있은 지 며칠 되지 않아 왕자는 출가 사문과
마주쳤다. 사문은 시선을 아래로 한 채 앞만 바라보며 신
중한 걸음걸이로 고요하고도 침착하게, 초연하고도 걸림
없는 당당한 자세로 걷고 있었다. 왕자는 사문의 평온한
모습에 깊이 감동되었다.

마부 찬나는 이 사문이 인생의 수수께끼를 풀어줄 진
리를 찾아서 청정한 삶을 살고자 집을 떠나 세속을 등진
사람이라고 일러주었다. 순간 왕자의 마음속에 출가에 대
한 깊은 생각이 섬광처럼 떠올랐다. 왕자는 깊은 사색에
잠긴 채 궁으로 발길을 돌렸다. 고뇌와 번민에 싸여 답답
하기만 하던 마음속에 마침내 한 가닥 서광이 비친 것이
다. 궁궐 밖 세상을 접하면 접할수록 이 세상에서는 진정
한 행복을 찾을 수 없다는 사실을 왕자는 더욱더 확신하

였다.

하지만 궁궐에 채 도착하기도 전에 야소다라가 아들을 낳았다는 소식을 듣는다. '나에게 장애$_{Rāhula}$[12]가 생겼구나'라고 말하면서 왕자는 궁궐로 들어갔다.

위대한 출가

그날 밤, 달빛은 교교하고 사위는 적막에 잠긴 가운데 (그날은 칠월[아살하 달] 보름날 저녁이었다) 왕자는 다음과 같은 생각을 하였다. '인생의 절정, 젊은 시절은 늙음으로 끝나고, 인간의 감관은 가장 필요할 때 그를 저버린다. 혈기 왕성하고 건장하던 사람도 병이 나면 정력과 건강을 상실하고 만다. 결국 예기치 못했던 죽음이 갑자기 다가와 이 짧은 일생에 종지부를 찍어버린다. 이 늙음과 죽음

---

12 [역주] 부처님의 아들 이름인 라아훌라$_{Rāhula}$는 빠알리어로 장애라는 뜻이다.

으로부터, 이 만족할 수 없는 상태로부터 벗어나는 길이 분명 있을 것이다.'

그러자 젊음과 건강 그리고 수명에 대해 지니고 있던 도취*mada*가 사라졌다. 이 세 가지 도취가 헛되고 위험한 것임을 알게 되자 그는 자기 자신과 처자 그리고 고통 받는 모든 중생을 위해 늙음, 고통, 죽음으로부터 벗어나기 위해 노력해 보겠다는, 그래서 불사不死를 찾아 이룩해 내고야 말겠다는 강력한 충동에 사로잡혔다.[13]

그가 대각大覺 성불로 완성되는 구도의 길에 들어선 것은 이와 같은 깊은 연민[大悲心] 때문이었다. 위대한 출가를 결심하게 만든 것도 또 안락한 가정생활이라는 황금 새장을 열어젖히게 만든 것도 이 연민이었다. 사랑하는 아내가 아기를 품에 안고 잠들어 있는 모습에 마지막 눈길을 보내면서도 그 결심이 흔들리지 않을 수 있었던 것도 바로 이 연민 때문이었다.

---

13 《증지부》 I 권 146쪽.

꽃다운 젊은 시절 스물아홉 살의 나이에, 사랑하는 아내 야소다라가 그의 하나뿐인 아들 라아훌라를 낳은 그 밤에, 그는 아내와 아들, 아버지 그리고 황홀한 왕실 생활을 떨쳐버리고, 대부분의 젊은이가 바라마지 않는 즐거움을 거들떠보지도 않고 떠났다.

가지고 있던 칼로 자신의 긴 머리를 잘라버리고, 왕자의 옷을 벗고 수행자의 옷차림을 한 보살[14]은 그의 마음

---

14 보살[菩薩 Bodhisatta, 산스크리트어로는 Bodhisattva]: 초기경전에서는 깨달음을 얻기 전까지의 부처님을 일컬을 때만 보살이란 말을 쓴다. 깨달음이라는 이상 또는 사성제에 관한 지혜[보리 Bodhi]를 추구하는 데 열중하고 있는 사람이란 뜻이다. 이런 의미에서 이 말은 깨달음을 추구하는 모든 사람에게 적용될 수 있다. 특히 완전한 깨달음[正等覺 sammāsambodhi]이라는 큰 목적을 향해 매진하고 있는 구도자에게 특별히 적용된다. 보살은 열 가지 수행의 극치[바라밀 pāramī(완성)]를 닦는다. 십바라밀은 성불을 추구하는 사람이 반드시 갖추어야 할 필수적 덕목으로서 자비에서 비롯되고 시종 이해성 있는 예지나 아니면 민첩한 영민성이라는 기본 색조를 띠고 있으며, 갈애와 삿된 견해 그리고 자만에서 벗어나 있는 극히 높은 수준의 자질로서, 구체적으로 열거하면 다음과 같다. 보시布施 dāna, 지계持戒 sīla, 출리出離 nekkhamma, 지혜智慧 paññā, 정진精進 viriya, 인욕忍辱 khanti, 진실眞實 sacca, 결의決意 adhiṭṭhāna, 자애慈愛 mettā, 평온平穩 upekkhā
[역주] 이상은 초기불교에서 말하는 십바라밀이며, 대승불교에서는 보시, 지계, 인욕, 정진, 선정, 지혜의 육바라밀을 설한다.

을 사로잡고 있는 삶의 근본문제를 해결하기 위해 숲속의 고독한 생활로 들어섰다. 그는 인생의 수수께끼의 해답을 구하였다. 그것은 괴로움을 완화하는 것이 아니라 괴로움에서 진정으로 벗어나는 것이었다. 이렇게 속박에서 완전히 벗어난 평안, 즉 열반을 향한 구도의 첫발을 내디딘 것이다. 이리하여 위대한 출가는 이루어졌다.

그는 처음에 아알라아라 까알라아마와 웃다까 라아마뿟따라는 유명한 두 현자에게 각기 가르침을 구했다. 그들은 선정禪定의 대가였기 때문에, 그들이 알고 있는 것을 다 배우면 높은 선정의 경지에 도달하리라고 보살은 기대했다. 그래서 그는 선정을 닦았고 마침내 그 선정에서 얻을 수 있는 최고의 경지에까지 이르렀다. 그러나 그것은 그가 바라던 최상의 깨달음은 아니었다. 보살은 두 스승이 가르치는 지식과 선정의 경지로 만족할 수가 없었다. 아직도 목표가 요원하다는 것을 느꼈다. 두 현자는 제각기 보살이 그들과 같이 머물기를 바랐다. 후계자가 되어 그들의 교단을 이끌어주기를 원했기 때문이었다. 그러나 수행자 고따마는 정중히 거절하고 인사를 드린 후 그때껏 그 누구에게도 발견되지 않은 구극의 진리를 찾아서 떠나갔다.

편력 끝에 그는 마침내 가야 지방의 네란자라 강변에 있는 우루웰라에 도착했다. 그곳의 조용하고, 울창한 숲과 맑은 강물은 그의 감관을 안정시켜 주었고 마음을 고무시켰다. 부근에는 순박한 사람들이 살고 있는 마을이 있어서 탁발하기에도 안성맞춤이었다. 이곳이야말로 깨달음을 추구하는 데 가장 이상적인 장소라 여기고 머물기로 작정했다. 그가 워낙 결연한 각오로 정진에 힘쓰고 있었기 때문에 이를 보고 감복한 다섯 수행자들이 같이 정진하고 싶어 동참해 왔다. 그들의 이름은 꼰단냐, 밧디야, 왑빠, 마하나마, 앗사지였다.

고행

당시 인도에서는 심신을 정화하고 궁극적인 해탈을 얻으려면 극심한 고행이 필요하다고 믿는 수행자가 많았고,

지금도 마찬가지다. 수행자 고따마는 이 생각이 옳은지 그 진실을 확인해 보기로 결심했다. 그래서 그곳 우루웰라의 숲에서 고따마는 마음이 육체의 속박을 벗어나 해탈의 높은 경지에 오를 수 있게 되기를 희구하면서 자신의 육체를 조복받기 위해 피나는 노력을 시작했다. 자신과의 싸움은 그야말로 처절하였다. 나무 잎사귀와 뿌리만으로 연명하였을 뿐 아니라 그 양마저도 극도로 줄여갔다. 옷은 쓰레기더미에서 주운 헝겊으로 기워 만든 누더기를 걸쳤으며, 잠은 시체들 옆이나 가시덤불 위에서 잤다. 이 같은 극도의 자기학대로 몸은 말할 수 없을 만큼 쇠잔해 갔다. '나는 고행을 철저히 했다. 그 누구도 따라오지 못할 만큼 열심히 했다. 나의 사지는 말라 시들어버린 갈대처럼 되었다. ······' 정각을 이루신 후 부처님께서는 지난날의 고행담을 이와 같이 감명 깊게 제자들에게 들려주셨다.[15]

---

15 자세한 내용은 《중부》 36경 ; R. Abeysekara, 《붓다의 구도의 길 *The Master's Quest for Light*》 BL A7(BPS) 참조.
[역주] 《숫따니빠아따》 〈정진경〉 참조.

6년이란 긴 세월을 격렬하게 투쟁한 끝에 거의 죽음의 문턱에까지 이르게 되었다. 그럼에도 그는 자신의 원대한 목표에는 단 한 발짝도 더 다가서지 못했다는 사실을 깨달았다. 고행이 얼마나 무익한가를 체험을 통해 명백하게 확인한 것이다. 그토록 바라던 깨달음의 길은 자신의 마음속 내면으로 향하는 탐구의 방향에 놓여 있다는 사실을 자각했다. 여기서 그는 조금도 좌절하지 않고, 다시 분발하여 원래의 목표를 향해 새로운 방법을 모색하기 시작했다. 하지만 그처럼 극도로 쇠잔한 몸으로는 성공에 이르는 어떤 길로도 더 나아갈 수 없다는 사실만은 분명했다. 그래서 고행과 극단적인 단식을 그만두고 다시 정상적으로 음식을 취하기 시작했다.

마침내 쇠약해진 몸은 이전의 건강을 되찾았고, 고갈되었던 기력도 곧 회복되었다. 그러나 다섯 동료는 실망한 나머지 그의 곁을 떠나가 버렸다. 그들은 고따마가 정진을 포기하고 사치스런 생활로 되돌아갔다고 생각한 것이다. 그러나 보살은 이런 일에 조금도 동요하지 않았다. 자신의 청정함과 정진의 힘을 확고히 믿고 있었기에 스승의 지도

나 도반의 도움 없이 오로지 혼자서 최후의 정진을 해보기로 결심했다.

대각大覺을 이루기 바로 전날 오전, 보살이 반얀 나무 아래에서 좌선을 하고 있을 때 부유한 장자의 딸인 수자따가 우유죽을 드렸다. 이 수행자가 신인지 인간인지 알 수 없었던 수자따는 "존귀한 분이시여, 당신의 큰 뜻이 부디 성취 되어지이다"라고 기원했다. 이것이 보살이 깨치기 전에 드신 마지막 음식이었다.

마침내 깨치시다

가야(현재 붓다가야)의 네란자라 강둑 위에 있는 한 나무[16] 아래에 결가부좌를 하고 앉은 보살은 불퇴전의 결심으로 정진에 마지막 힘을 쏟고 있었다. '이 몸이 가죽과 힘줄, 뼈만 남고 피와 살은 다 말라서 죽는 한이 있더라도 정등

---

16 이 나무는 후에 보리수, 깨달음의 나무 또는 지혜의 나무라 불림.

각正等覺을 얻기 전에는 이 자리에서 일어나지 않겠노라.'
보살의 노력은 이처럼 지칠 줄 몰랐고, 보살의 헌신은 이
처럼 시들 줄 몰랐으며, 진리를 깨치어 완전한 깨달음을
성취하겠다는 결의는 이처럼 단호하였다.

　보살은 호흡에 대한 마음챙김[入出息念 *Ānāpānasati*][17]에
전념하여 초선初禪에 들어가 머물렀다. 다시 차례대로 제
2선, 제3선 그리고 제4선에 들어가 머물렀다. 이와 같이
마음에서 모든 때를 닦아내어 평온한 마음을 이룬 다음,
이 마음을 과거생生을 상기想起하는 지혜[宿住隨念智, 宿命
通 *pubbenivāsānussatiñāṇa*] 쪽으로 기울였다. 이것이 보살이
초저녁(오후 6~10시)에 성취한 첫 번째 지혜였다. 다시 보
살은 온갖 형태의 중생이 각기 지은 업에 따라 좋은 상태
로 또는 나쁜 상태로 태어나고 죽는 것을 아는 지혜[死生
智, 天眼通 *cutūpapātañāṇa*] 쪽으로 기울였다. 이것이 한밤중

17　[역주] 호흡에 대한 마음챙김[입출식념]: 집중과 4선四禪에 도달하는 훈
　　련 중 가장 중요한 방법의 하나. 〈염처경〉(《중부》 10경), 〈대념처경〉
　　(《장부》 22경), 〈입출식념경〉(《중부》 118경) 등 참조.

(오후 10~새벽 2시)에 성취한 두 번째 지혜였다. 다시 그는 번뇌를 소멸시키는 지혜[漏盡智, 漏盡通 āsava-kkhayañāṇa] 쪽으로 기울였다.[18]

그는 여실히 깨달았다. 즉 '이것이 고苦 dukkha다. 이것이 고의 일어남[集]이다. 이것이 고의 멸滅이다. 이것이 고의 멸에 이르는 도道이다.'

그는 여실히 깨달았다. '이들이 번뇌다. 이것이 번뇌의 일어남이다. 이것이 번뇌의 멸이다. 이것이 번뇌의 멸에 이르는 도이다.'

이렇게 알고 이렇게 보았을 때, 그의 마음은 번뇌들, 즉 감각적 쾌락의 번뇌[欲漏 kāmāsava], 존재의 번뇌[有漏 bhavāsava], 무지의 번뇌[無明漏 avijjāsava]로부터 해탈했다.[19] 이렇게 그의 마음이 해탈했을 때 해탈했음을 아는 지혜[解脫知見]가 생겼다.

---

18 《중부》 36경 〈마하사짜까 경〉

그리고 그는 다음과 같은 사실을 스스로 깨달았다.

태어남[生]은 소진되었다. 청정한 삶[梵行 *brahmacariya*]은 완
성되었고 할일은 다 해 마쳤다. 다시는 이런 상태에 이르지 않
는다.[20]

이것이 새벽녘(새벽 2~6시)에 성취한 세 번째 지혜였다.
이 세 가지 지혜(宿住隨念智, 死生智, 漏盡智)를 삼명三明이라
한다.[21]

그런 후 보살은 승리의 게송을 읊었다.

---

19 《장부》의 일부 경전에서 사견의 번뇌[見漏 *diṭṭhāsava*]가 추가된 네 가지
번뇌[四漏]가 제시되기도 한다.
[역주] 《장부》 II권 81.11-12 ; 84.6-7 ; 91.12 ; 94.18-19 ; 98.15-16
; 123.19 ; 126.12-13

20 더 이상 심신心身이 연속되지 않는다는 말. 이는 더 이상 유[有], 즉 다
시 태어남이 없다는 뜻이다.

21 《중부》 36경 I권 249쪽.

'집[個體] 짓는 이'를 찾아내려고,

그러나 찾지 못한 채

수많은 태어남의 윤회 속을 줄곧 서둘러 왔었네.

태어남은 언제나 실로 괴로운 것.

오, 집 짓는 이여, 드디어 너를 찾아냈도다.

너는 다시는 집 짓지 못하리.

너의 모든 서까래 부서지고

마룻대[上梁] 또한 부러졌도다.

이제 내 마음은

형성되지 않은 것(=열반)을 이루었네.

온갖 갈애 다 끝내어 버렸네.[22]

이렇게 보살 고따마는 (탄생한 날과 같은) 오월 보름날(웨

---

22 《법구경》 153~154게. 냐나몰리 스님 영역英譯
[역주] 이 두 게송은 부처님께서 깨달음을 이룬 직후 깨친 감회를 읊
으신 것이다. 여기서 집은 몸을 의미하고, 집 짓는 이는 갈애를, 서까
래는 오염원인 번뇌[垢 kilesa]를, 마룻대는 무지[無明]를 의미한다.

사카)[23], 서른다섯의 나이에, 영원한 진리인 네 가지 성스러운 진리[四聖諦]를 완전히 파악함으로써 최상의 깨달음을 성취하시어, 일체 중생의 고통을 치유할 수 있는 위대한 의사, 대의왕大醫王, 붓다가 되신 것이다. 이는 가장 위대한, 흔들리지 않는 승리다.

네 가지 성스러운 진리[四聖諦]는 괴로워하는 인간들을 인도하기 위해 부처님께서 제시한 가장 값진 메시지다. 이 진리를 통해서 인간들은 괴로움의 속박을 제거하고, 궁극적인 행복, 궁극적인 실재인 열반을 얻을 수 있다.

이 진리는 부처님이 만들어낸 것이 아니다. 그 진리가 실재한다는 사실을 재발견한 것일 뿐이다. 그래서 우리는 부처님을 존경하고 경배할 가치가 있는 분으로 받아들인다. 그분을 스승으로 생각해서만이 아니라, 고귀하고 자기

---

23 [역주] 오월 보름날*Vesākha, Vesak*: 남방 전통에서는 부처님의 탄신일과 성도일 및 열반일을 오월 보름으로 정하고 지키고 있다.

희생적이며 명상의 삶을 산 본보기로서 생각하기 때문이다. 이 길은 우리가 스스로 향상되기를 원한다면 반드시 따라야 할 길이다.

부처님께서 다른 종교의 창시자들과 구별되는 두드러진 특징의 하나는 그분이 사람이라는 점, 즉 신이라든가 초자연적 존재와 어떤 관련도 맺지 않았다는 점이다. 그는 신도 아니고 신의 화신化身도 아니며 어떤 초자연적인 존재도 아니었다. 그는 오직 사람일 뿐이었다. 하지만 비범한 사람*acchariya manussa*, 비할 바 없는 유일한 사람, 최상의 사람*purisuttama*이었다. 그분은 자신이 성취한 모든 것을 인간의 지성과 노력의 결과로 돌렸다. 그분은 직접 체험을 통해 인간이 그 어떤 존재보다도 절대적으로 우월하다는 것을 깨달았던 것이다.

그 어떤 스승으로부터, 그것이 사람이든 신이든 간에 어떤 도움도 받지 않고 오직 자신의 꾸준한 정진으로 보살은 최고의 정신적, 지적 성취를 달성했다. 청정의 극치에 이른 것이며 인간성이 구현할 수 있는 최선의 자질을 완성해 낸 것이다. 그분은 지혜와 자비를 갖추었고, 이 두 덕목은 그 후 부처님의 가르침에서 두 가지 기본 지침이 되었다.

부처님께서는 결코 계시 종교에서처럼 '영혼'을 구제하는 구세주로 자처하지 않으셨다. 오히려 인간에게는 무한한 가능성이 잠재해 있으며, 이러한 가능성을 계발하여 현실화시키는 길은 오직 인간 자신의 노력에 달려 있을 뿐이라는 것을 스스로의 부단한 노력과 깨달음을 통해 실증해 보이셨다. 이처럼 부처님께서는 깨달음과 열반이라는 지상의 과제가 전적으로 인간의 노력이 가 닿는 범위 안에 놓여 있다는 사실을 증명하셨던 것이다.

가장 고상하고 가장 완전한 특징이 있는 종교는 말 그대로 계시에 대한 믿음이 전혀 없이도 존재할 수 있다. 계시종교의 핵심에는 인격적인 신이 있다. 인격적인 신이라는 용어로, 나는 이른바 초인격적인 신, 보다 고차원적인 단계의 인격으로

서 영적이며 정신적인 본질 또는 정말로 초자연적인 영적 존재나 힘이라는 관념을 모두 포함시킨다.[24]

존재의 속박에서 벗어나 자유를 얻으려면 각 개인은 자기를 묶고 있는 족쇄를 부수고 인내심과 정진력과 통찰지를 가지고 적절한 노력을 기울여야 한다. 사실, 신이나 초자연적 존재의 도움과 관계없이 해탈을 성취할 수 있다는 것, 더구나 각자가 자신의 책임하에 스스로 취하는 행위에 의해서만 고苦로부터 해탈할 수 있다는 것을 가르치신 분은 인류 역사상 부처님이 처음이었다.

아무리 해탈을 구걸하고 빌어 봐야 그 누구도 이를 성취시켜 줄 수는 없다. 타인이 우리에게 도움의 손을 뻗친다 해야 기껏 이런저런 지시나 가르침을 주는 등의 일을 할 수 있을 뿐이다. 최상의 자유는 오로지 자기 능력을 최

---

24 줄리안 헉슬리Julian Huxley, 《계시 없는 종교 *Religion Without Revelation*》 2쪽, 7쪽.

대로 발휘하여 진리에 눈뜸으로써만 성취될 수 있을 뿐이며 인간이든, 신이든, 그 어떤 초월자에게 기도하고 간청한다고 해서 이루어질 수 있는 것은 아니다. 그래서 부처님은 당신의 제자들을 향해서도 각자가 자신에게 일어난 짐스러운 일을 외부의 탓으로 돌리려 들지 말고 연구, 분석을 통해 그 해결의 길을 스스로 찾음으로써 자기가 지닌 내면의 힘과 훌륭한 자질을 계발하는 계기로 삼도록 분발하라고 일깨워 주셨다.

오해

부처님을 인간이 아닌 존재로 만들어 놓기를 좋아하는 사람들이 있다. 그들은 《증지부》[25]의 다음 구절을 인용하며, 잘못 해석하고 오해하고 있다. 이야기는 다음과 같다.

---

25 《증지부》 4법집 36경 II권 38쪽.

한때 부처님께서 나무 아래에 명상자세로 앉아 있었다. 감관은 안정되어 있었고, 마음은 고요했으며, 잘 제어되고 적정의 상태에 머물러 있었다. 그때 도나라는 이름의 바라문이 부처님께 다가가서 질문하였다.

존자시여, 당신은 신*deva*이 될 것입니까?
아닙니다, 바라문이여.

존자시여, 천상의 존재*gandhabba*가 될 것입니까?
아닙니다, 바라문이여.

존자시여, 당신은 야차*yakkha*가 될 것입니까?
아닙니다, 바라문이여.

존자시여, 당신은 인간*manussa*이 될 것입니까?
아닙니다, 바라문이여.

그러면, 도대체 당신은 무엇이 될 것입니까?

자, 이제 부처님의 대답을 주의해서 이해해야 한다.

바라문이여, 어떤 번뇌[漏 āsava]가 조금이라도 남아 있다면, 그 사람은 신 또는 천상의 존재 또는 야차 또는 인간이라고 불릴 수 있을 것입니다. 나의 번뇌들은 모두 제거되었고, 그 뿌리가 잘렸고, 줄기만 남은 야자수처럼 되었고, 사라졌고, 미래에 더 이상 생겨나지 않게 되었습니다.

바라문이여, 마치 청련이나 홍련이나 백련이 물에서 생겨서 물에서 자라지만, 물에 닿지 않고 물 위에서 피어 있는 것같이, 나는 세상에 태어나서 세상에서 자랐지만, 세상을 벗어나서 세상에 닿지 않고 지냅니다. 바라문이여, 나를 깨달은 이(붓다)라고 기억하시오 Buddho ti maṃ dhārehi brāhmaṇa.

부처님께서 하신 말씀은 부처님 당신은 신도, 천상의 존재도, 야차도, 번뇌에 가득 찬 인간도 아니라는 것이다. 위의 경전에 따르면, 부처님은 번뇌가 있는 인간이 아님을 바라문에게 알리려고 했음이 분명하다. 그분은 바라문이 자신을 이러한 존재의 어떤 범주에 귀속시키는 것을 원치 않으셨다. 부처님은 세상에 사시는 분이지만 세상에 속해 있는 분은 아니었다. 이 점은 연꽃의 비유에서 분명해진다. 하지만 성급하게 비판하는 사람들은 서둘러 잘못된 결론을 내리고는 다른 사람들이 부처님은 인간이 아니라고 믿기를 바란다.

《증지부》(1법집 13경, I권 22쪽)에서, 부처님은 인간임을 명백하게 선언한 분명한 예를 볼 수 있다.

> 비구들이여, 한 사람*eka puggala*이 있는데, 그가 세상에 태어나는 것은 많은 사람들의 안녕과 행복을 위한 것이며, 세상에 대한 연민 때문이며, 신과 인간의 유익함과 안녕과 행복을 위한 것이다. 그 한 사람이란 누구인가? 그분은 여래*tathāgata*, 아라한*arahat*, 완전히 깨달으신 분*sammā-sambuddho*이다. ⋯ 비구들이여, 세상에 태어나는(난 그) 한 사람은 비범한 사람이며, 놀라운 사람이다*acchariya manussa*.

인간을 의미하는 마눗사*manussa*라는 빠알리어에 유의하자. 그렇다. 부처님은 인간이었지만 다른 사람들 같지는 않았다. 그분은 놀라운 인간이었다.

불교 문헌에서는 보디삿따(보살: 부처님이 되기 전의 호칭)는 도솔천*tusita devaloka*에 있었지만, 인간세상으로 내려와서 인간의 상태*manussatta*로 태어났다. 그의 부모인 숫도다나 왕과 마하마야 왕비는 인간이었다. 보디삿따는 인간으로 태어났고 인간으로 깨달음을 얻었으며, 마지막으로 인간으로 완전한 열반에 들었다. 완전한 깨달음 이후에도, 그분은 자신을 신 또는 범천*Brahmā* 또는 어떤 '초자연적인 존재'라고 부르지 않고, 비범한 인간이라고 불렀다.

힌두교도이며 베다와 베단타 사상에 흠뻑 빠져 있던 S. 라다크리슈난 박사는 불교는 힌두교에서 파생된 것이라고 하며, 심지어는 부처님을 힌두교도라고 말한다. 그는 다음과 같이 썼다.

붓다는 자신이 새로운 종교를 주창한다고 느끼지 않았다. 그분은 힌두교도로 태어났고 자랐으며 죽었다. 그분은 인도-아

리안 문명의 고대의 이상을 새롭게 강조하면서 다시 재건하려고 하였다.[26]

하지만 부처님 자신은 그의 가르침이 스스로 발견한 진리를 드러낸 것이며, 그 진리는 당시 사람들이 몰랐고, 과거 전통의 유산이 아니라고 선언하셨다. 따라서 바로 첫 번째 법문에서 네 가지 성스러운 진리[四聖諦]를 가리키면서 이렇게 말씀하셨다.

비구들이여, '이것은 괴로움의 성스러운 진리이다. 이것은 괴로움의 일어남이다. 이것은 괴로움의 멸진이다. 이것은 괴로움의 멸진에 이르는 도이다'라는 생각과 함께, 이전에 들은 적이 없는 법*pubbesu ananussutesu dhammesu*에 대하여 나에게 눈[眼 *cakkhu*]이, 지智 *ñāṇa*가, 혜慧 *paññā*가, 명明 *vijjā*이, 광光 *āloka*이 생겼다.[27]

---

26 《불교 2500년 *2500 Years of Buddhism*》의 서문 9쪽(인도 정부 간행물 1971)
27 《율장》I권 10~12쪽 ; 《상응부》V권 420쪽.

다시, 위없는 완전한 깨달음을 얻은 분과, 해야 할 일을 해 마친 분, 아라한 사이의 차이점을 제자들에게 분명하게 하기 위해서 부처님은 말씀하셨다.

비구들이여, 여래는 아라한이 되면서 완전히 깨달았다. 여래는 이전에 선포된 적이 없는 도道를 선포한 사람이며, 도를 아는 사람, 도를 이해하는 사람, 도에 숙달한 사람이다 *maggaññū, maggavidū, maggakovido*. 여래의 제자들은 그의 발자취를 따라 여행하는 사람들이다.[28]

부처님이 말씀하신 '옛 도The ancient way'는 성스러운 여덟 갈래 도[八支聖道, 八正道]이지, 라다크리슈난 박사가 상상하는 것처럼, 인도-아리안 문명의 이상은 아니다. 하지만 인도 독립의 아버지인 마하트마 간디는 부처님을 가리켜 다음과 같이 말했다.

---

28 《상응부》 III권 66쪽.

엄청난 희생에 의해서, 위대한 포기에 의해서 그리고 오점 없는 청정한 삶에 의해서, 그분은 힌두교에 지울 수 없는 인상을 남겼다. 그리고 힌두교는 이 위대한 스승에게 영원히 감사해야 할 빚을 졌다.[29]

---

29 마하데브 데사이Mahādev Desai, 《실론에서 간디와 함께 *With Gandhiji in Ceylon*》(마드라스, 1928), 26쪽.

II 법의 바퀴를 굴리시다

연기緣起

깨달은 직후 일주일 동안 부처님께서는 보리수 아래 앉아 해탈의 무상법열無上法悅을 누리고 계셨다. 이레가 되던 날 초저녁 부처님께서는 삼매samādhi에서 나와 연기緣起에 관해 순서대로 관하셨다.[順觀]

이것이 있으면 저것이 있게 되고, 이것이 생김과 더불어 저것이 생긴다. 즉, 무지[無明]가 있음을 조건[緣]으로 하여 의지에 의한 형성 작용 또는 업 지음[行]이 있고, 이 의지의 형성 작용을 조건으로 하여 (재생)식識이 있고, 식을 조건으로 하여 명색(名色: 심신의 결합)이 있고, 명색을 조건으로 하여 육처[六入][30]가 있고, 육처를 조건으로 하여 접촉[觸]이 있고, 접촉을 조건으로 하여 느낌[受]이 있고, 느낌을 조건으로 하여 갈애[愛]가 있고, 갈애를 조건으로 하여 집착[取]이 있고, 집착을 조건으로 하여 생성과정[有]이 있다. 생성과정을 조건으로 하여 태어남[生]이 있고, 태어남을 조건으로 하여 늙음[老], 죽음[死], 슬픔[愁], 비탄[悲], 괴로움[苦], 근심[憂], 절망[惱]이 있게 된다. 이렇게 해서 이 고의 무더기[苦蘊] 전부가 생겨난다.

그날 한밤중[中夜]에 부처님께서는 역逆으로 연기를 관하셨다.[逆觀]

이것이 없으면 저것이 있게 되지 않고, 이것이 멸하면 저것이 멸한다. 즉 무지가 완전히 멸하면 의지의 형성 작용이 멸하고, 의지의 형성 작용이 멸하면 식이 멸하고, 식이 멸하면 명색이 멸하고, 명색이 멸하면 육처가 멸하고, 육처가 멸하면 접촉이 멸하고, 접촉이 멸하면 느낌이 멸하고, 느낌이 멸하면 갈애가 멸하고, 갈애가 멸하면 집착이 멸하고, 집착이 멸하면 생성과

---

30 육처[六內處 혹은 六入]: 다섯 개의 육체적 감촉기점, 즉 눈·귀·코·혀·몸과 의식을 말함.

정이 멸하고, 생성과정이 멸하면 태어남이 멸하고, 태어남이 멸하면 늙음, 죽음, 슬픔, 비탄, 괴로움, 근심, 절망이 멸하게 된다. 이리하여 이 모든 고의 무더기 전부가 멸하게 된다.

그날 새벽녘에 부처님께서는 연기를 순順과 역逆 양면으로 관하셨다.[順逆觀]

이것이 있으면 저것이 있게 된다. 이것의 생기와 더불어 저것이 생긴다. 이것이 없으면 저것이 있게 되지 않는다. 이것의 멸함과 더불어 저것이 멸한다. 즉 무지[無明]를 조건으로 하여 의지의 형성 작용[行]이 있고, 이 의지의 형성 작용을 조건으로 하여 식識이 있고, 식을 조건으로 하여 명색이 있고, 명색을 조건으로 하여 육처六處가 있고, 육처를 조건으로 하여 접촉[觸]이 있고, 접촉을 조건으로 하여 느낌[受]이 있고, 느낌을 조건으로 하여 갈애[愛]가 있고, 갈애를 조건으로 하여 집착[取]이 있고, 집착을 조건으로 하여 생성과정[有]이 있다. 생성과정을 조건으로 하여 태어남[生]이 있고, 태어남을 조건으로 하여 늙음[老], 죽음[死], 슬픔[愁], 비탄[悲], 괴로움[苦], 근심[憂], 절망[惱]이 있게 된다. 이리하여 이 고의 무더기 전부가 생겨난다.

무지의 완전한 멸과 더불어 의지의 형성 작용이 멸하고, 의지
의 형성 작용이 멸하면 식이 멸하고, 식이 멸하면 명색이 멸하
고, 명색이 멸하면 육처가 멸하고, 육처가 멸하면 접촉이 멸하
고, 접촉이 멸하면 느낌이 멸하고, 느낌이 멸하면 갈애가 멸하
고, 갈애가 멸하면 집착이 멸하고, 집착이 멸하면 생성과정이
멸하고, 생성과정이 멸하면 태어남이 멸하고, 태어남이 멸하
면 늙음, 죽음, 슬픔, 비탄, 괴로움, 근심, 절망이 멸하게 된다.
이리하여 이 모든 고의 무더기 전부가 멸한다.[31]

이렇게 부처님께서는 보리수 근처에서 자리를 여섯 번
옮기며 여섯 주를 홀로 머무셨다. 여섯 주가 끝날 무렵, 따
빠수와 발리까라는 두 상인이 지나가다가 떡과 꿀을 부처
님께 공양 올리며 말씀드렸다.

---

31 《감흥어*Udāna*》 1~2쪽: 삐야닷시 스님의 《연기법*Dependent Origination*》
(BPS, Wheel No.15). 법륜·스물둘 《연기》, 〈고요한소리〉 참조.

세존이시여! 저희는 부처님과 법[32]에 귀의합니다. 세존이시여! 저희를 제자로 거두어 주십시오.[33]

이리하여 그들은 첫 재가신도*upāsaka*가 되었다.

처음으로 법의 바퀴를 굴리시다[初轉法輪]

세존께서 보리수 근처에 홀로 계실 때 다음과 같은 생각이 떠올랐다.

내가 깨달은 이 법法 *Dhamma*은 심오하여 알아차리기도 이해하기도 힘들며, 평화롭고 숭고하며, 단순한 사유의 영역을 넘어서 있고, 미묘하여 오로지 현자만이 알아볼 수 있을 것이다. 그러나 요즘 사람들은 감각적 쾌락을 좋아하여 그 즐거움에만 탐닉하고 있다. 그런 사람들이 이처럼 조건에 입각하

---

32 이때는 승단이 아직 구성되지 않았음.
33 《율장》〈대품大品〉 I권 4쪽.

는 진리성, 즉 연기법을 알아차리기는 어려우리라. 또한 모든 조건 지어진 것[行]의 정지靜止, 일체의 생성요인upadhi의 방기放棄, 갈애의 소진, 탐욕을 멀리함[離慾 virāga], 멸진滅盡 nirodha, 열반을 알아차리기는 어려우리라. 설혹 내가 법을 가르친다 하더라도 아무도 내 말을 이해하지 못한다면 얼마나 번거롭고 피곤할 것인가.[34]

　　이러한 생각이 들자 부처님께서는 법을 가르치는 일을 주저하셨다. 그러나 불안佛眼[35]으로 세계를 둘러보니, 사람들 가운데에는 눈이 엷게 가려진 사람도 두텁게 가려진 사람도 있고, 근기가 높은 사람도 낮은 사람도 있고, 선량한 자질을 가진 사람, 나쁜 자질을 가진 사람, 가르치기 쉬운 사람, 어려운 사람, 현재의 그릇된 행동 때문에 위험에 당면하고 있는 사람과 그렇지 않은 사람들이 두루 섞여 있는 것이 여실하게 보였다.

---

34 《중부》 26경 〈성구경聖求經〉 I권 167쪽.

35 [역주] 불안佛眼 Buddhacakkhu: 부처가 갖추게 되는 완전한 직관 능력. 오안五眼의 하나. 남방전통에서 말하는 오안은 다음과 같다. 1.육안 2.천안 3.혜안 4.불안 5.보안普眼 samanta cakkhu (두루 빠짐없이 살피는 눈)

이리하여 마침내 부처님께서는 다음과 같은 장중한 말씀으로 법을 기꺼이 설하실 뜻을 천명하셨다.

불사不死의 문은 열려 있다.
귀 있는 자들이여, 믿음을 발하라.

Apārutā tesaṁ amatassa dvārā
Ye sotavanto pamuñcantu saddhaṁ[36]

누구부터 법을 가르칠까 생각해 보니, 옛날 스승이었던 아알라아라 까알라아마와 웃다까 라아마뿟따가 생각났다. 그들이 현명하고 식견이 높다는 것을 잘 알고 있었기 때문이다. 그러나 천안으로 살펴보니 그들은 이미 세상을 떠난 후였다. 그래서 부처님은 이전에 동료였던 다섯 수행자에게 진리를 가르쳐 주기로 마음을 정하였다. 그들은 아직도 소득 없는 극단적인 고행을 계속하고 있었다. 그들이 베나레스의 이시빠따나[37]에 있는 녹야원에 머물고 있

---

36 《중부》 26경 〈성구경聖求經〉 I 권 169쪽.
37 이시빠따나*Isipatana*: 선인들이 잘 모이는 곳이란 뜻으로 오늘날의 사르나트

는 것을 아시고 세존께서는 베나레스까지 약 240킬로미터 도보 여행을 시작하셨다.

가야를 떠난 지 얼마 안 되어 노상에서 우빠까라는 수행자와 마주쳤는데, 그 사람은 세존의 거룩하신 모습에 감동한 나머지 다음과 같이 여쭈었다.

당신의 스승은 누구십니까? 당신은 어느 분의 가르침을 따르고 있습니까?

그때 부처님은 게송으로 대답하셨다.

나에겐 스승이 없고,
지상에도 천상에도 나와 동등한 존재는 없도다.
나는 비길 데 없는 스승이며, 아라한이며,
나 홀로 완전히 깨달았도다.
모든 번뇌를 끄고
열반의 고요를 이루었도다.
나는 법의 바퀴[法輪]를 굴리러

까아시의 도성(베나레스)으로 가노라.
무지가 군림하고 있는 이 세상에서 나는
불사不死의 북을 울릴 것이니라.

'벗이여! 당신은 일체의 승리자라는 말이군요' 하고 우
빠까는 말했다. 이에 부처님은 대답하셨다.

번뇌의 멸진을 이룬 사람들, 실로 그들이야말로 바로 나와
같은 승리자이노라. 일체의 악을 나는 정복했노라.
그래서 나는 승리자로다.

우빠까는 머리를 흔들고 빈정거리며 말했다. '그럴지도
모르지요.' 그러고는 딴 길로 떠나가 버렸다.

부처님은 길을 따라 여행을 계속하시어 마침내 이시빠
따나의 녹야원에 도착하셨다. 부처님이 오시는 것을 멀리
서 본 다섯 고행자는 서로 수군거렸다.

벗들이여! 저기 고행자 고따마가 오고 있소. 그는 고행을 포기하고 호사스런 생활로 되돌아간 사람이오. 그가 오면 아무런 인사도 하지 맙시다.

그러나 부처님이 가까이 다가가시자 그들은 부처님의 위엄에 눌리어 애당초 생각을 지킬 수 없었다. 한 사람은 마중 나가 발우와 가사를 받아 들었고, 다른 사람은 자리를 준비하고 또 다른 사람은 씻을 물을 가져다 드렸다. 마련해 드린 자리에 부처님께서 앉으시자, 다섯 고행자는 부처님의 이름을 부르며, 예전처럼 동등한 입장에서 '벗이여āvuso!' 하고 인사했다.

부처님께서는 말씀하셨다.

여래如來를 벗이라는 말로 불러서는 안 되느니라. 비구들이여! 여래는 (해야 할 일을) 해 마친 사람[應供: 아라한]이며, 위없는 완전한 깨달음을 성취한 사람[無上正等覺者]이니라. 잘 들으라, 비구들이여! 불사不死는 성취되었도다. 나 이제 그대들에게 가르쳐 줄 것이다. 그대들에게 법을 설해 주겠노라. 나의 가르침을 따르면, 그대들은 바로 이생에서 그대들 스스로의 힘으로 출가수행의 목적인 최상의 청정을 깨닫고 실현하게 될 것이니라.

그러자 다섯 사문은 반문했다.

벗, 고따마여! 당신은 이전에 그처럼 금욕과 고행 그리고 자기학대를 격렬하게 할 때도 초인적 눈과 지혜를 얻지 못했소. 이제 고행을 포기하고 사치와 방종에 빠진 생활을 하고 있으면서 어떻게 초인의 눈과 지혜를 얻었다는 말이오.

그러자 부처님은 대답하셨다.

여래는 정진을 그만두고 사치와 풍요의 생활로 돌아선 적이 없노라. 여래는 해 마친 사람이며 완전한 깨달음을 성취한 사람이니라. 잘 들으라, 비구들이여. 불사不死는 성취되었노라. 내가 그대들을 가르치겠노라. 법을 그대들에게 설해 주겠노라.

두 번째도, 비구들은 부처님께 똑같은 말을 하였고, 부처님도 똑같은 대답을 하셨다. 세 번째도 비구들은 똑같은 반문을 하였다. 부처님의 다짐에도 불구하고 그들은 태도를 바꾸려 들지 않았다. 그러자 부처님께서는 이렇게 말씀하셨다.

비구들이여! 일찍이 내가 그대들에게 이와 같이 말하는 것을 본 적이 있었는지 말해 보라.

이와 같이 간절하신 부처님 말씀에 감복한 다섯 고행자는 비로소 승복하였다.

아닙니다. 그런 적은 없었습니다.

이렇게 해서 최상의 현자, 자신을 조어調御하신 분께서는 참을성과 친절로, 지혜와 방편으로 다섯 고행자의 마음을 조복시켰다. 부처님의 말씀에 감복하고 확신을 갖게 된 사문들은 드디어 가르침을 받아들일 자세를 갖추게 된 것이다.

중도中道

그날, 서기 전 589년 칠월 보름날 저녁, 해가 지면서 때 맞춰 달이 막 떠오르며 그림자가 드리운 이시빠따나의 녹 야원에서 부처님께서는 그들에게 법을 설하기 시작하셨다.

비구들이여, 이 두 가지 극단은 출가자가 가까이 해서는 안 되느니라. 그 두 가지란 무엇인가? 하나는 감각적 쾌락에 빠 지는 일이니, 이는 저열하고 천박하며, 세속적이고 성스럽지 못하며, 유익함이 없다. 그리고 또 한 가지는 고행이니 이는 고통스럽고 성스럽지 못하며, 유익함도 없다. 비구들이여! 여 래는 이들 극단을 피해서 중도를 깨달았느니, 이는 눈을 뜨게 하고, 지혜를 가져오며 적정寂靜과 신통지, 깨달음 그리고 열 반으로 이끈다. 비구들이여! 그 중도란 무엇인가? 그것은 바 로 성스러운 여덟 가지 도[八支聖道]이다. 즉,

정견(正見: 바른 견해)

정사(正思: 바른 사유)

정어(正語: 바른 말)

정업(正業: 바른 행위)

정명(正命: 바른 생계)

정정진(正精進: 바른 노력)

정념(正念: 바른 마음챙김)

정정(正定: 바른 집중)이다.

다시 부처님은 그들에게 사성제四聖諦를 설하셨다. 고苦, 고의 일어남[苦集], 고의 멸[苦滅], 고의 멸에 이르는 도[苦滅道]의 네 가지 성스러운 진리가 바로 그것이다.[38]

이렇게 지고하신 부처님께서는 진리를 선포하심으로써 마침내 법의 바퀴Dhamma-cakka를 굴리기 시작하셨다. 이 첫 법문, 녹야원의 메시지는 부처님 가르침의 핵심이다. 땅 위를 걷는 모든 생물의 발자국이 코끼리의 훨씬 큰 발

---

38 사성제에 대한 개괄적 설명은 저자의 《부처님의 옛 도 *The Buddha's Ancient Path*》 참조. 더 자세한 설명은 냐나몰리 스님의 《세 주요 법문 *Three Cardinal Discourses*》(Wheel No.17 BPS)과 프란시스 스토리의 법륜·열다섯 《사성제》(Wheel No.34, 35 BPS), 〈고요한소리〉 ; 냐나띨로까 스님의 《붓다의 말씀 *The Word of The Buddha*》(김재성 역), 〈고요한소리〉 참조.

자국에 담길 수 있는 것과 같이 이 네 가지 성스러운 진리에 부처님의 모든 가르침은 포괄된다.

네 가지 성스러운 진리의 각 항목을 설명하면서 부처님은 다음과 같이 말씀하신다.

비구들이여! 전에는 들어본 적도 없는 법들에 관해서 눈[眼 *cakkhu*]이, 지智 *ñāṇa*가, 혜慧 *paññā*가, 명明 *vijjā*이, 광光 *āloka*이 나의 내면에 나타났다. 비구들이여! 이 네 가지 성스러운 진리에 관한 나의 통찰지, 직관[知見 *ñāṇadassana*]이 움직일 수 없는 확실한 것으로 밝혀지기 전에는 나는 결코 자신이 비할 바 없는 위없는 완전한 깨달음[無上正等覺]을 얻었다고 선언하지 않았었다.

그러나 비구들이여! 네 가지 성스러운 진리에 관한 나의 통찰지, 직관이 움직일 수 없는 확실한 것으로 분명해지자 그때 비로소 나는 비할 바 없는 지고의 깨달음을 얻었음을 선언했던 것이다. 그러자 다시 나의 내면에 통찰지와 직관이 솟아났다. 즉, 내 마음의 해탈[心解脫]이 확고부동하며 *akuppā me cetovimutti*, 금생이 나의 마지막 태어남이며, 더 이상의 몸받음[再生]이 없다는 것을 스스로 알게 되었다.[39]

부처님께서 이렇게 말씀하시자 다섯 비구는 환희에 차서 세존의 말씀을 찬탄했다.

1930년 12월 2일 스웨덴 궁정, 국왕이 베푼 만찬장에서 노벨 물리학상을 받은 C. 벵카타 라만 경卿은 자신이 연설할 차례가 되자, 초대받은 저명인사들로서는 놀랍게도 과학 이야기는 접어놓고 인도의 과거의 영광에 대해 아주 힘 있는 연설을 했다.

베나레스 근처에 하나의 길[道]이 있습니다. 그 길이 인도에서 가장 성스러운 길이라고 저는 생각합니다. 그 길은 싯닷타 왕자가 세상에 나가 자비심을 두루 펼치기 위해서 세속의 모든 소유물을 버리고 나서 걸었던 길입니다.[40]

---

39 《상응부》〈초전법륜경〉 V권 420쪽.

40 《보살 *The Bosat*》(Vol. 5, No.I, 1942) 콜롬보, 8쪽.

싱사빠 숲에서

부처님의 가르침 중에서 네 가지 성스러운 진리가 얼마나 핵심적 위치를 차지하는가는 녹야원에서의 말씀과 마찬가지로 싱사빠 숲의 말씀에서 다시 확인된다.

한때 세존께서는 꼬삼비(알라하바드 근처)의 싱사빠 나무숲에서 머무셨다. 그때 부처님께서는 싱사빠 나뭇잎을 손에 들고서 비구들에게 말씀하셨다.

비구들이여! 어떻게 생각하느냐? 내 손에 있는 싱사빠 잎사귀와 저 숲에 있는 잎들 중 어느 쪽이 더 많은가?

세존이시여! 세존께서 손에 드신 잎사귀는 얼마 되지 않습니다. 저편 숲에 있는 잎들이 훨씬 많습니다.

그렇다. 비구들이여, 내가 완전히 깨닫고도 그대들에게 설하지 않은 것은 많다. 내가 그대들에게 설한 것은 극히 일부분이다. 비구들이여! 왜 내가 그 모두를 설하지 않는가? 그것들은 유익하지도 않고 청정한 삶에 꼭 필요한 것도 아니기 때문이다. 그런 것들은 싫은 마음을 일으킴[厭離 nibbidā], 탐욕을 멀리함[離慾 virāga], 멸진滅盡 nirodha, 적정寂靜 upasama, 완전한 지적능력[神通智 abhiññā], 완전한 깨달음sambodhi, 열반nibbāna으로 이끌어 주지 않는다. 비구들이여! 이것이 내가 그것들을 설하지 않은 이유이다.

그러면 비구들이여, 내가 설한 것은 무엇인가?
이것은 괴로움이다. – 이것을 나는 설한다.
이것은 괴로움의 일어남이다. – 이것을 나는 설한다.
이것은 괴로움의 멸진이다. – 이것을 나는 설한다.
이것은 괴로움의 멸진에 이르는 도이다. – 이것을 나는 설한다.

비구들이여! 나는 왜 이러한 진리를 설하는가?
이 진리들은 실로 유익하고 청정한 삶에 반드시 필요한 것이기 때문이다. 이 진리들은 싫은 마음을 일으킴, 탐욕을 멀리함, 멸진, 적정, 완전한 지적능력, 완전한 깨달음, 열반으로 이끌어 준다. 비구들이여! 이것이 내가 이 진리들을 설하는 이유이다. 비구들이여! 따라서 이것이 괴로움이고, 이것이 괴로움의 일어남이고, 이것이 괴로움의 멸진이고, 이것이 괴로움의 멸진에 이르는 도임을 깨닫기 위해 모든 노력을 기울여야 하느니라.[41]

부처님은 역설하신다.

나는 오직 한 가지를 알려 줄 따름이니 괴로움과 괴로움의 멸진이노라.

dukkhañ c'eva paññāpemi, dukkhassa ca nirodhaṃ[42]

이렇듯 명쾌하게 일러주신 말씀을 올바로만 이해한다면 불교를 다 이해한 셈이 된다. 왜냐하면 부처님의 모든 가르침이 이 한 가지 원리의 적용일 뿐 다른 어떤 것이 아니기 때문이다. 어떤 부처님이든 발견하는 바가 있다면 그것은 이 사성제일 수밖에 없을 것이다. 이 사성제야말로

---

41 《상응부》 V권 437쪽.
42 《중부》〈뱀의 비유 경〉 I권 140쪽.

어떤 시대의 부처님일지라도 한결같이 가르칠 전형적 가르침이기 때문이다.

명의 중의 명의

우리는 부처님을 또한 가장 뛰어난 명의名醫, 최고의 의왕醫王으로 이해하고 있다. 그분은 실로 필적할 이 없는 치유자이시다.

무엇보다도 부처님이 네 가지 진리를 설하시는 방법부터가 의사가 취하는 방식과 유사하다. 의사로서 그분은 먼저 병을 진단하고, 그 병의 원인과 발생 과정을 찾아낸 다음 병의 제거 방법을 검토한 후 처방을 내렸다.

고苦 *dukkha*는 병이다[苦]. 갈애가 병의 발생 원인이자 근본 원인이다[集]. 갈애를 없앰으로써 병이 제거된다. 그것이 치유이다[滅]. 여덟 가지 성스러운 도는 그 처방이다[道].

어떤 바라문이 부처님께 '스승께서는 무슨 까닭으로 부처님이라고 불리십니까?' 하고 여쭈었을 때 부처님이 해주신 대답은 명확했다. 바로 네 가지 진리에 대해 완전한 지혜를 갖추었기 때문이라고 분명히 말씀하셨다.

부처님의 대답은 이러하다.

나는 알아야 할 바를 알았고,
닦아야 할 바를 닦았고,
버려야 할 것을 버렸노라.
바라문이여,
그래서 나는 붓다, 즉 깨달은 사람이노라.[43]

이시빠따나의 녹야원은 부처님이 처음으로 법을 선포하시어, 법륜이 구르기 시작하였고 또 다섯 고행자가 귀의한 곳이기 때문에 교법[法]과 승단[僧]의 탄생지가 되었다.[44]

---

43 《숫따니빠아따》 558게 ; 《중부》 92경 ; 《율장》 I권 245쪽 ; 《장로 게송집》 828게

법의 전파

그해 부처님은 우기雨期[45]를 녹야원에서 보내셨다. 녹
야원은 인류의 6억 명 이상이 성스럽게 여기는 곳이다. 이
석 달 동안 부유한 집안 출신의 젊은이인 야사를 필두로
새로이 55명의 젊은이들이 승단에 들어왔다. 이제 부처님
에게는 모두 아라한으로서 법을 깨닫고 충분히 남을 가르

---

44 아쇼카 황제는 이 성스러운 지점을 순례하고서 많은 건조물을 세웠는
데, 그 중에서도 기운찬 사자 네 마리를 새긴 대접받침[柱材] 석주는 대
표적이다. 이 대접받침은 법륜을 떠받치고 있어 불법의 흥륭을 상징하
는데, 지금은 사르나트 박물관에 보관되어 있으며, 오늘날 인도의 공식
국가 상징으로 쓰이고 있다. 그리고 이날을 기리는 법륜제法輪祭가 지
금도 스리랑카에서 봉행되고 있다.

쟈와할랄 네루는 이렇게 적고 있다. "베나레스 근처 사르나트에서 나
는 부처님이 첫 법문을 설하고 계시는 모습을 목격하고 있는 듯한 느
낌을 받았다. 경에 나오는 말씀들이 2500년의 세월을 가로질러 곧장
나의 귀에 먼 메아리처럼 다가오는 것 같았다. 명문에 새겨진 아쇼카의
석주는 그 장엄한 언어로 나에게 한 인간, 황제였지만 황제 이상으로
위대했던 한 인간의 이야기를 들려주고 있는 것만 같았다."(《인도의 발견
The Discovery of India》 44쪽)

45 우기*vassa*: 인도에서는 7월에서 10월까지 몬순의 영향으로 비가 계속
와서 우기를 이룸. 인도의 계절을 대강 세 절기로 구별하여 11~2월은
건량기乾凉期, 3~6월은 건서기乾暑期, 7~10월은 습서기濕暑期, 즉 우기
라 부름. 왓사*vassa*는 또한 우안거雨安居를 뜻함.

칠 수 있는 역량을 갖춘 60여 명의 제자들이 있었다. 우기가 끝나자, 부처님은 이 제자들에게 말씀하셨다.

비구들이여! 나는 인간계와 천상계의 모든 결박에서 해방되었도다. 그대들도 역시 인간계와 천상계의 모든 결박으로부터 벗어났도다. 비구들이여! 이제 나아가 많은 사람들의 안녕과 행복을 위해, 이 세상에 대한 자비심에서, 신들과 인간들의 유익과 안녕, 행복을 위해 두루 다니도록 하라.

두 사람이 한 방향으로 같이 가지 말라. 그래서 시작도 훌륭하고 중간도 훌륭하고 끝도 훌륭한 이 법을, 의미와 표현을 구족하여, 더할 나위 없이 완벽한 이 법을 선포하라. 청정한 삶을, 완전하고 순결한 이 성스러운 삶을 선포하라. 세상에는 눈이 과히 흐리지 않은 사람도 있는데, 법을 듣지 못하면 그런 사람들마저 바른 길에 들 기회를 놓치고 말 것이다. 세상에는 법을 이해할 수 있는 사람들도 있을 것이다. 나는 우루웰라의 세나 마을로 가서 법을 가르치겠노라.[46]

---

46 《율장》〈대품〉

이렇게 해서 부처님은 입멸하시는 날까지 계속되는 성
스러운 전법활동을 시작하셨다. 제자들과 더불어 부처
님께서는 인도의 크고 작은 길을 두루 편력하시며 무한
한 자비와 지혜의 광명으로 그 모든 길을 가득히 채우셨
다. 처음 승단은 겨우 60명으로 시작되었지만 얼마 되지
않아 수천으로 늘어났다. 비구의 수가 늘어남에 따라 많
은 사원이 지어졌고, 마침내 날란다, 위끄라마실라, 자갓
달라, 위끄라마뿌리, 오단따뿌리 등과 같은 인도의 사원
대학이 나타나 일대 문화 중심지를 형성하여 그 영향력은
전 아시아 대륙에 미쳤고, 나아가 전 인류의 정신생활에
크게 이바지하게 되었다.

---

47 베나레스 북동 120마일 떨어진 현재 우따라 쁘라데쉬 지방. 당시 말라
인의 말라국은 둘로 나뉘어, 꾸시나라는 그 중 한쪽의 수도였다.

48 인도의 그 많은 리쉬(예지자) 중 최대의 리쉬이신 부처님이 공원의 나무
아래에서 태어나, 보리수 아래에서 깨달음을 성취하시고, 사슴동산(녹
야원)의 나무 아래에서 법륜을 굴리셨으며, 마지막으로 사라쌍수 아래
에서 열반에 드셨다는 점을 살펴볼 때 누구나 특별한 감회를 느끼지
않을 수 없을 것이다. 이렇듯 부처님은 생애의 대부분을 숲과 마을의
공지에서 보내셨다. 부처님께서 깨달음을 이루셨던 보리수의 남쪽 가
지를 아쇼카 황제의 딸이며 아라한인 장로니長老尼 상가미따가 스리랑
카의 아누라다뿌라에 가져다 심어 지금도 잎이 무성하게 우거져 있다.
이 보리수가 기록상 세계에서 가장 오래된 나무이다.

부처님께서는 45년간 성공적으로 교화사업을 펴신 후 제자들에게 마지막으로 유훈을 남기신 다음 말라족의 꾸시나라[47]의 살라나무 숲[48]에서 80세를 일기—期로 입적하셨다.

III 부처님의 교화사업

부처님의 교화사업

45년이라는 긴 교화 기간 동안, 부처님은 인도의 북부 지방을 널리 편력하셨다. 그러나 우기雨期의 안거철에는 대개 한 곳에 머무셨다.

다음은 부처님이 안거하신 지역들을 빠알리 문헌에서 간추린 것이다.

첫해

바라나시(베나레스): 7월 보름에 처음으로 법을 선포하신 후 부처님은 첫 우기를 이시빠따나에서 보내심.

2, 3, 4년째

라자가하[王舍城]의 웰루와나[竹林精舍]: 유명한 재가 후

원자 수닷따 장자가 부처님께 귀의한 것은 3년째 되던 해의 일이다. 그는 자선가로 유명해 아나아타삔디까, 즉 '의지할 곳 없는 사람들을 돌봐 주는 분[給孤獨長者]'이라는 이름으로 알려져 있었다. 꼬살라국의 사왓티[舍衛城] 사람인 그는 마가다국의 라자가하에 왔다가 부처님이 출현하셨다는 얘기를 듣고 찾아가 친견하고 법문을 들었다. 삼보에 깊은 신심을 일으키게 된 그는 그 자리에서 바로 예류과[49]를 성취했다. 그 후 그는 부처님의 주요 후원자로 유명해졌다. 오늘날 사헤트-마헤트로 불리는 사왓티에 그 유명한 제따와나 사원[祇園精舍][50]을 지어 부처님과 제자들에게 바쳤다. 이 사원의 유적지는 지금도 볼 수 있다.

---

49 [역주] 예류과預流果 sotāpattiphala: 최초의 성과聖果. 유신견, 의례의식에 대한 집착, 불법에 대한 의심의 세 족쇄를 끊었기에 다시는 악도에 떨어지지 않으며 일곱 생 안에는 아라한이 된다.

50 [역주] 제따와나 사원[기원정사]: 기수급고독원에 지은 절. 원래 제따 태자의 동산이었으나 아나아타삔디까 장자가 이 땅을 사서 부처님께 바치고, 태자는 또 그 숲을 바쳤기 때문에 두 사람의 이름을 합하여 기수(제따의 숲) 급고독원(급고독의 동산, 즉 아나아타삔디까의 동산)이라 함.

5년째

웨살리: 부처님은 중각강당重閣講堂에서 지내셨다. 숫도다나 왕이 이 해에 병이 들었다. 부처님은 부왕父王을 찾아가 법을 설해 드렸다. 법문을 들은 왕은 완전한 청정(아라한과)을 얻었고, 일주일 동안 해탈의 즐거움을 누린 후 입적했다. 비구니 승단이 생긴 것도 이 해였다.

6년째

만꿀라 언덕: 여기에서 부처님은 쌍신변雙身變[51]을 나투셨다. 친족인 석가족의 아만심을 꺾기 위해 까삘라왓투에서 이러한 신통을 처음으로 보여주셨다.

---

51 [역주] 쌍신변雙身變: 부처님이 외도를 항복받기 위해 보이신 신통의 하나. 일련의 대우對偶 신통으로 상체에서 물줄기를 내뿜는 동시에 하체에서는 불꽃을 내뿜고 또 그 반대로도 현출하며 한쪽으로는 불을 다른 쪽으로는 물을 내뿜기도 하고, 전신의 구멍에서 6가지 광채를 발해 위로는 범천을, 아래로는 철위산 끝까지 비추는 등 부처만이 보일 수 있는 신통.

7년째

삼십삼천: 부처님은 삼십삼천에 올라가 어머니인 마야 부인을 필두로 한 천신들에게 수승한 법인 아비담마를 설하셨다. 마야 부인은 싯닷타 왕자를 낳고 7일 만에 죽어서 삼십삼천에 남자천신으로 다시 태어났던 것이다.[52]

8년째

베사깔라 숲(박가국의 수도인 숭수마라기리 근처): 부처님이 베사깔라 숲에 계실 때 금슬 좋은 나꿀라삐따 부부가 부처님을 친견하고 행복한 결혼생활이 다음 생에도 이어지기를 발원했다. 부처님은 두 사람을 제자들 중 가장 의좋은 사이로 인정하셨다.

---

52 [역주] 남방전통에 의하면 부처님이 성불하신 지 7년째 되던 해에 외도들의 도전에 응해 사왓티에서 중인환시리衆人環視裏에 쌍신변을 보이신 후 끝맺음으로 옛 부처님들의 선례에 따라 단 세 걸음에 삼십삼천에 오르셨다. 거기서 그 해의 우기가 다할 때까지 머물면서 생모 마하마야를 위해 천신들에게 법을 설하셨다 함. 다른 전거典據에 의하면 마하마야가 다시 태어난 곳은 도솔천이며 이름은 마야천자*Mayadevaputta*로 법문을 듣기 위해 삼십삼천에 왔다고 한다.

9년째

꼬삼비의 고시따 정사

10년째

빠리레이야까 숲: 꼬삼비에서 한 비구가 저지른 사소한 잘못을 놓고 비구들 사이에 분쟁이 일어난 것이 바로 이 해의 일이었다. 그들은 부처님께서 훈계하셨으나 막무가내였으므로 부처님께서는 이 숲으로 물러나셨다. 안거가 끝날 무렵 분쟁은 해결되어 비구들은 사왓티 성으로 와서 부처님께 용서를 빌었다.

11년째

에까날라 마을(마가다국): 《숫따니빠아따》에 나오는 유명한 〈밭을 가는 바라드와자 경〉을 설하신 곳이 바로 여기다. 부처님은 여기에서 농사짓는 바라문 바라드와자를 만났는데, 그는 부처님께 무례하게 말을 했다. 그러나 부처님은 특유의 침착함으로 이를 응대하여 결국 그 바라

문을 열렬한 신도로 만드셨다.[53]

12년째

웨란자 마을: 부처님께서 율律을 제정하기 시작하신 것이 이 해부터라고 한다. 그리고 바라문 웨란자의 사건이 생긴 것도 이 안거 기간 중이었다. 그는 부처님을 친견하고 불교 수행에 관해서 여러 가지 질문을 한 다음 부처님의 대답에 만족하여 제자가 되었다. 그는 부처님과 승단이 그 해 안거를 웨란자 마을에서 보내도록 청했다. 마침 그 해에 기근이 들었다. 부처님과 제자들은 말 장수들이 올리는 매우 조악한 음식(말이 먹는 보리)으로 한철을 지내야 했다. 비록 바라문이 약속은 저버렸으나 부처님은 당신이 늘 행하시는 관례대로 안거를 마치고 행각을 떠나기에 앞서 초청자에게 하직인사를 했다. 바라문 웨란자는 자신이 부처님과 제자를 청해 놓고도 가사에 골몰한 나머지 한철 내내 초청자의 의무를 이행하지 못한 허물을 사

---

53 저자의 《*The Book of Protection*》(BPS) 참조.

과한 후 다음날 부처님과 승단에 음식과 옷을 보시했다.

13년째

짤리야 바위산(짤리까 시 부근): 이 철에는 메기야 장로
가 부처님의 시봉을 들었다. 장로는 강가의 아름다운 망
고 숲에 마음이 끌려 그곳에 가서 선정을 닦고 싶다고 부
처님께 허락을 구했다. 다른 비구가 올 때까지 기다리라고
부처님께서 만류하셨건만 그는 거듭 졸랐다. 마침내 부처
님의 허락을 받고 그곳에 갔지만 장로는 뜻밖에도 선정은
커녕 감각적 쾌락, 악의, 해악심 따위에 시달리기만 하다
가 실망해서 돌아왔다. 그러자 부처님께서는 이렇게 말씀
하셨다.

**메기야여! 성숙하지 못한 사람의 마음이 성숙하는 데는 다음
의 다섯 가지가 도움이 된다. 첫째 좋은 벗(선지식), 둘째 기본
적 계율에 따른 덕 있는 행위, 셋째 탐욕을 멀리함·고요·멸진·
깨달음 그리고 열반으로 이끌어 주는 훌륭한 조언, 넷째 나
쁜 생각들을 버리고 건전한 생각들을 지니려는 노력, 다섯째**

현상의 발생과 소멸을 분명히 보는 지혜의 획득이 바로 그것이다.[54](이 예비 수행은 보다 높은 단계의 선정을 익히기 위해 반드시 닦아야 한다고 부처님은 말씀하셨다)

14년째

사왓티의 제따와나 정사: 이 철에, 이제껏 사미였던 라아훌라가 구족계(비구계)를 받았다. 율장에 따르면 구족계는 20세가 되어야 받을 수 있는데 라아훌라 존자가 그 나이가 된 것이다.

---

54 이 법문의 전문全文은《증지부》Ⅳ권 354쪽과《감흥어》34쪽에 나온다.《법구경 주석서》Ⅰ권 287쪽과《장로 게송집》66 게송에도 간략히 언급되어 있다. 원래 메기야 존자는 석가족의 왕족 출신이라고 한다. 이 이야기와 관련 있는《법구경》의 33, 34 게송은 다음과 같다.
"안정되지 않고 변덕부리는 마음은
지키기 어렵고 제어하기 어렵다.
지혜로운 사람은 자기 마음을 바르게 한다.
활 만드는 사람이 화살을 곧게 하듯"

"물에서 잡혀 나와
땅 위에 던져진 물고기처럼
이 마음은 몸부림친다.
(따라서) '마아라의 영역'에서 벗어나야 한다."

15년째

까삘라왓투: 싯닷타 왕자의 탄생지. 이 해에 야소다라 비妃의 아버지 숩빠붓다 왕이 죽었다.

16년째

알라위 시市: 이 해에 부처님은 사람 잡아먹기를 즐기는 야차 알라와까를 제도하여 추종자로 만드셨다. 알라와까와의 문답은 《숫따니빠아따》의 〈알라와까 경〉에 자세히 나온다.[55]

17년째

라자가하의 웰루와나 정사: 이 철에 유명한 고급 창부이며, 의사 지와까의 누이동생인 시리마가 죽었다. 장례식에 참석하신 부처님은 왕에게 일러 말씀하시기를 '그 시체를 사 갈 사람을 찾는 공고를 내어 보라'고 하셨다. 살아 있을 때 그토록 사람들을 매혹시키던 그 몸뚱이. 그러

---

55 저자의 《*The Book of Protection*》(BPS) 81쪽 참조.

나 누구 하나, 돈은커녕 거저 주어도 그 시신을 가져가려 하지 않았다. 이때 부처님은 다음과 같은 게송을 대중들을 향해 읊으셨다.

보라, 이 꾸며 놓은 모습을,
상처투성이의, (뼈마디로) 엮어 이루어진, 병든,
뭇사람들의 관심의 대상이던 이 몸을,
거기 어디에 항상함이 있고
견고함이 있는가.[56]

18년째

짤리야 바위산: 이 철에 한 직조공의 어린 딸이 부처님을 친견하고, 죽음의 마음챙김[57]에 대해서 가르침을 받았다. 이 가르침을 잊지 않고 부지런히 닦았던 소녀는 다음에 다시 친견했을 때 부처님이 던지신 네 가지 질문에 정확히 대답했다. 소녀의 대답은 매우 철학적이어서 부처님

---

56 《법구경》 147게

말씀을 깊이 생각해 보지 않았던 사람들은 그 의미를 이
해하지 못했다. 부처님은 소녀를 칭찬하면서 대중을 향하
여 다음과 같은 게송을 읊으셨다.

---

57 [역주] 죽음의 마음챙김[死隨念 *Maraṇānussati*]: 죽음의 위험이 언제나
우리를 넘보고 있음을 상기하거나, 그 죽음의 공포에 자신이 어떻게
대응하고 있는지 숙고하며, 혹은 남들의 죽음에 내가 어떻게 반응하
는지를 되돌아보는 등의 공부. 그 밖에도 여러 가지 방법이 있다. 이
공부를 하면 죽음을 맞아서도 당황하지 않고 공포에 떨지 않으며, 살
아서 불사의 경지를 못 이루면, 죽어서 좋은 내생을 맞는다고 한다. 부
처님께서 주인공의 수명을 내다보시고 죽음의 마음챙김 공부를 지시
해 주신 것임.

소녀와 부처님 간의 문답은 다음과 같다.
  1. 어디서 왔느냐. 모릅니다.
  2. 어디로 가느냐. 모릅니다.
  3. 모르느냐. 압니다.
  4. 아느냐. 모릅니다.

거기 모인 사람들은 소녀가 불경스럽다고 생각했다. 그래서 부처님께
서는 소녀에게 설명하도록 시키셨다. 1은 전생을 묻는 것으로 알고 한
대답이며, 2는 내생을 묻는 것으로, 3은 언젠가는 죽어야 한다는 것
을 모르느냐는 질문으로, 4는 그때가 언제냐는 질문으로 알고 드린
대답이었다고 설명한다. 그녀가 죽을 시간은 바로 그 날, 집으로 돌아
가고 난 직후였다.

이 세상은 눈멀었도다.

깨끗이 보는 자, 드물구나.

겨우 몇몇만이 좋은 세계(천상계)로 가는구나.

그물을 벗어난 새처럼.[58]

    소녀는 법을 듣고 성위聖位의 첫 단계(예류과)를 성취했다. 그러나 불행하게도 소녀는 요절하고 만다.[59]

19년째

짤리야 바위산

20년째

라자가하의 웰루와나 정사

---

58 《법구경》 174게

59 이 흥미 있는 이야기의 질문과 대답에 관한 서술은 《법구경 주석서》 Ⅲ권 170쪽 ; 벌링겜 영역英譯 《법구경 주석서 *Buddhist Legends*》 제3부 14쪽 참조.

21년부터 43년까지

사왓티: 이 스물네 번의 안거 중 열여덟 안거는 기원정사(제따와나)에서, 나머지 안거는 동원정사東園精舍(鹿子母講堂)에서 지내셨다. 아나아타삔디까와 위사아카[60]가 주된 시주였다.

44년째

벨루와 마을(웨살리 근처에 위치한 작은 마을로 추정): 이곳에서 부처님은 크게 앓으셨으나 의지력으로 이겨내셨다.(자세한 내용은 이 책의 132쪽 참조)

성도 후 45년째

부처님은 우기가 시작되기 전인 5월에 꾸시나라(혹은 꾸시나가라)에서 반열반에 드셨다.

---

60 [역주] 앙가국의 장자집에 태어나 사위성의 장자 녹자에게 시집간 위사아카*Visākhā*가 180만 금을 내어 목갈라나 존자의 감독을 받아 동원정사를 지어 승단에 바쳤다. 남편 녹자가 아내를 칭찬하여 어머님과 같다고 했기 때문에 세상에서 위사카를 두고 녹자모라 불렀다.

정각을 이루신 후 처음 20년 동안은 다음의 스님들이 수시로 스승을 시봉했다. 비구 나가사말라, 나기따, 우빠와나, 수낙카따, 사가따, 라다 그리고 메기야와 사미 쭌다였다. 하지만 20년이 지난 후 부처님께서는 일정한 시자를 정하기를 원하셨다. 그러자 사아리뿟따, 마하 목갈라아나 등 80여 명의 대 아라한들이 기꺼이 스승을 시봉하겠다고 나섰다. 그러나 부처님은 이를 받아들이지 않으셨다. 부처님께서는 이들이 당신을 시봉하기보다는 인류에게 직접 보다 큰 봉사를 해야 한다고 생각하셨음이 틀림없다.

그러자 장로들은 줄곧 침묵만 지키고 있던 아아난다 장로에게 시자로 받아주실 것을 청해 보라고 권유했다. 아아난다 장로의 대답이 흥미롭다.

스승님께서 저를 시자로 삼기를 원하신다면 직접 말씀하실 것입니다.

그러자 부처님께서 말씀하셨다.

아아난다여! 다른 사람들의 권유를 기다리지 말라.
그대 스스로 뜻을 내어 나를 시봉하도록 하라.

부처님의 깨달음과 아라한의 깨달음

완전한 깨달음, 즉 네 가지 성스러운 진리의 발견과 실현은 결코 신의 섭리에 의해 선택된 어떤 특정인의 특권도 아니고, 인류사에 되풀이될 수 없는 일회성의 일도 아니다. 완벽한 청정과 지혜를 구하여 열심히 노력하고 또 성불의 필수요건인 십바라밀[61]과 여덟 가지 성스러운 길을 불퇴전의 의지로 닦아 나아가는 사람이라면 누구나 성취할 수 있는 것이다.

아득한 먼 옛날에도 여러 부처님들이 있었고 또 미래에도 필요성이 있고 조건이 성숙되면 부처님들이 나타나실 것이다. 그러나 우리가 먼 미래까지 생각할 필요는 없

---

61 십바라밀: 이 책의 각주 14 참조.

다. 지금 우리의 이 시대에도 '불사不死의 문'은 여전히 활짝 열려 있다. 그 문에 들어서기만 하면 누구나 완전한 청정(아라한의 경지)에 도달해서 괴로움으로부터 궁극적인 해탈·열반을 성취할 수 있다. 번뇌로부터 벗어나 해탈을 얻었다는 점에서 이 사람들은 당신과 조금도 다를 바 없다고 부처님은 다음과 같이 장엄하게 선언하셨다.

번뇌의 소멸을 이루는 사람들,
그들은 실로 나와 같은 승리자로다.[62]

하지만 부처님께서는 또한 완전한 깨달음을 얻은 붓다와 여느 아라한[63]과의 차이점도 분명히 밝히셨다.

---

62 《중부》26경 〈성구경聖求經〉 I권 171쪽.

63 아라한이라는 말은 번뇌를 완전히 소멸시켜버린 사람에게만 적용된다. 이런 의미에서 부처님은 우빠까에게 친히 밝히셨듯이 세상에서 최초의 아라한이시다.(이 책의 50~51쪽 참조)

비구들이여! 여래는 아라한이면서 대각자이노라. 여래는 일찍이 알려진 적이 없는 도道를 선포한 사람이도다. 실로 그는 도를 아는 사람이고, 도를 이해하는 사람이고, 도에 숙달한 사람이도다. 이에 반해 여래의 제자들은 여래의 발자취를 따라 여행하는 사람이노라. 비구들이여! 이것이 그 차이다. 아라한이면서 대각을 성취한 여래와 통찰에 의해 자유를 얻은 제자들과의 차이점이노라.[64]

정법의 특징

무지함이라는 어두운 구석도 없고, 신비라는 얽힌 거미줄도 없으며, 비밀로 가득 찬 뿌연 방도 없다. 부처님의 가르침에는 비밀스러운 교리, 감추어진 교의는 없다. 그 가르침은 대낮의 햇빛처럼 열려 있고 수정처럼 명백하다.

---

64 《상응부》 III권 66쪽.

부처님께서 선포하신 법과 율은 열려 있고 가려져 있지 않고 빛난다. 마치 태양과 달이 열려 있고 가려져 있지 않고 빛나는 것처럼.[65]

비밀이 있다는 것은 스스로 그릇된 교의임을 드러내는 표시라고 말씀하시면서 부처님은 비밀교의를 표방하는 사람들을 인정하지 않으셨다. 부처님께서는 아아난다 장로에게 이렇게 말씀하셨다.

아아난다여! 나는 법을 가르침에 있어 드러난 교리와 비밀스런 교리를 각각 따로 세우지 않았다. 아아난다여! 여래는 드러난 교의와 비밀스런 교의를 구별 짓지 않고 법을 설해 왔다. 왜 그러느냐 하면, 아아난다여, 여래에게는 주요한 지식을 제자들에게 감추는 '주먹 쥔 손' 같은 것이 없기 때문이다.[66]

---

65 《증지부》 I권 283쪽.
66 《장부》 16경 〈대반열반경〉 II권 100쪽.

세상에 드문 분이시지만 결코 정상을 벗어난 분이 아니다. 그분은 최상의 지혜를 혼자만 간직하려 하지 않았다. 그렇게 하는 것은 불교 관점에서 보면 완전히 엉뚱하며 용납이 되지 않는다.

이 우주를 다 감싸는 무한대의 사랑과 연민의 마음을 가지신 부처님께서는 인간이 윤회라는 끝없는 헤맴의 족쇄에서 풀려나는 데 필요한 지식이라면 그 무엇 하나 감추는 일 없이 모든 것을 설해 주셨다.

부처님의 가르침은, 눈 있어 볼 수 있고 마음 있어 이해할 수 있는 사람이라면 누구에게나 처음부터 끝까지 모두 열려 있다. 또 불교는 어떤 사람에게도 총검이나 대포를 들이대고 믿음을 강요하지도 않는다. 강요에 의한 개종은 불교도들 사이에서는 알려진 적이 없으며, 부처님의 가르침과도 모순된다.

필딩 홀H. Fielding Hall은 그의 저서《어느 민족의 넋 *The Soul of a People*》에서 부처님의 자비정신에 관해 이렇게 적고 있다.

불교전쟁이란 있을 수 없다. 일찍이 그 어느 나라도 불교도들이 무력으로 약탈한 적은 없으며, 붓다의 이름으로 단란한 가정을 피로 물들인 적도 없으며, 한에 사무친 여인네들이 붓다의 이름을 입에 올려 저주한 적도 없었다. 이렇듯 붓다와 그분의 가르침은 피의 얼룩으로 더럽혀진 적이 없다. 붓다야말로 사랑으로 이루어진 평화, 베풂으로 이루어진 평화, 연민으로 이루어진 위대한 평화를 가르치신 분이며, 이러한 그의 가르침은 너무나 분명하기 때문에 잘못 이해한다는 것은 있을 수 없다.

기독교 성직자 조셉 웨인Joseph Wain은 평한다.

불교는 통제가 아니라 원칙에 의한 생활, 고상한 생활을 가르치며, 그 당연한 귀결로서 불교는 관용의 종교이다. 태양 아래 가장 자비로운 종교 체제가 불교이다. 교법의 전파 과정 그 어디에서도 피를 본 적이 없는 종교이다. 신앙이 다르다고 해서 남을 박해하거나 함부로 대한 적이 없었다. 이는 기독교가 아직까지도 배워야 할 교훈이다. 붓다는 사람들에게 오늘을 아름답게 만들고 현재 순간을 성화聖化시키도록 가르쳤다.[67]

제자들에게 법을 전하는 데서도 부처님은 조금도 차별을 두지 않았다. 특별히 선택된 애제자란 없었다. 제자들 가운데서 아라한과를 성취했던 제자들은 모두 청정을 완성하여 애욕에서 벗어나고, 새로운 존재에로 옭아매는 족쇄들을 풀어버린 사람들이었고, 완전한 청정을 이룬 점에서 동등하다. 그런데 그 중에는 각각 특수한 지식과 수행에 뛰어나고 또 타고난 성품에도 차이가 있어 남다른 위치를 차지한 분들도 있었다. 그러나 스승은 그들이라 하여 특별히 총애하지는 않았다. 예컨대 우빨리는 낮은 카스트의 이발사 집안 출신이었지만 바라문이나 크샤트리아 계급에 속했던 수많은 아라한을 제치고 계율에 관해 으뜸가는 제자가 될 수 있었다. 사아리뿟따와 마하 목갈라아나는 바라문 계급 출신이기는 하지만 그보다는 장구

---

67 [역주] 2008년 개정판에는 없지만 초판에 실려 있는 대로 둔다.

한 전생 동안 세워 온 원력 때문에 부처님의 상수上首제자가 되었던 것이다. 사아리뿟따는 지혜에 뛰어나고, 마하목갈라아나는 신통에 뛰어났다.

부처님은 제자들이 당신이나, 당신의 가르침에 맹목적이고 굴종적인 믿음을 바치는 것을 원치 않으셨다. 그분은 항상 지성적 탐구와 분별력 있는 고찰을 강조하셨다. 자유사상의 최초 헌장이라고 일컬어 마땅할 한 경전에서, 부처님은 까알라아마인들의 질문에 답하는 가운데, 단호하게 비판적 탐구 자세의 필요성을 역설하고 계시다.

그렇소, 까알라아마인들이여! 그대들이 의심하는 것은 당연합니다. 그대들은 세상의 평이나 구전口傳, 풍문에 이끌려서도 안 되며 또 종교의 경전에 쓰여 있다고 해서, 아니면 단순히 논리나 유추만으로 또는 외양만을 취하여 또는 어떤 이론에 미루어 볼 때 타당하다고 해서 또는 그럴싸한 가능성 때문에, 능력 있어 보이는 사람이 말했다고 해서 또는 '이 사문은 우리의 스승이다' 하는 생각 때문에 끌려가서는 아니 됩니다. 까알라아마인들이여! 당신들 스스로 생각해서 이런 것은 건전하지 못하고, 이런 것은 비난받아 마땅하며 그 일을 행했을 때 유익하지도 못하고 고苦로 이끈다는 것을 알았을 때, 그때는 당연히 그러한 것을 거부하도록 하시오. … 그리고 스스로 생각해서 '이런 것은 건전하고, 나무랄 데 없고 유익하다'고 알았을 때는 그것을 받아들여 거기에 머물도록 하시오.

그런 다음 부처님은 물으셨다.

자, 까알라아마인들이여, 그대들은 어떻게 생각하시오. 여기 어떤 사람에게 탐욕, 성냄, 어리석음이 일어났다고 칩시다. 이런 것은 그 사람에게 이득이 되겠소, 손실이 되겠소. 탓할 일이겠소, 탓하지 않아야 할 일이겠소?

존사尊師시여! 그런 것은 그에게 손실이 되며, 그런 것은 탓할 일입니다.

자, 까알라아마인들이여! 이것은 어떻게 생각하시오. 어떤 사람이 탐욕, 성냄, 어리석음으로부터 자유로워졌다고 칩시다.

이것은 그에게 이득이겠소, 손실이겠소, 탓할 일이겠소, 아니겠소?

존사시여! 그에게 이로움이 되고 탓할 점이 없습니다.

그렇소, 까알라아마인들이여! 방금 내가 그대들에게, '그대들은 세상의 평이나 구전, 풍문에 이끌려서도 안 되며, … 건전하고, 나무랄 데 없고, 이롭다고 알았을 때는 받아들여 거기에 머물도록 하라고 한 것은 바로 이를 말하려 함이오.[68]

무엇인가 전적으로 믿기 때문에 어떤 것을 받아들이는 태도는 불교의 정신과 어긋난다. 그래서 부처님과 제자들 간에는 다음과 같은 대화가 자연스레 이루어지고 있다.

(나의 가르침을) 알고 이를 따르면서 그대들이 '우리는 스승을

---

68 [역주] 《증지부》 3법집 65경 I권 188쪽. 그 밖에도 《증지부》 3법집 66경 〈살하 경〉 ; 《증지부》 4법집 193경 〈밧디야 경〉 참조. 이 중요한 경의 완역은 소마 스님 영역, 《까알라아마 경*Kālāma Sutta*》(Wheel No.8 BPS), 법륜·둘 《구도의 마음, 자유》, 〈고요한소리〉 참조.

기리고 존경하기 때문에 스승의 가르침을 받든다'라고 말할 것인가?

아닙니다. 세존이시여!

그렇다면 비구들이여! 그대들은 스스로 알고 스스로 보고 스스로 찾아낸 사실만을 말하는 것인가?

네, 그렇습니다. 세존이시여![69]

부처님은 항상 사실을 직시하였으며 진리와 부합되지 않는 것은 그 어떤 것도 인정하거나 양보하지 않으셨다. 또 그분은 우리 또한 어떤 것을 정당한 이유 없이 무분별하게 진실로 받아들이기를 원치 않으신다. 그분이 우리들에게 원하는 것은, 사물을 있는 그대로 이해하는 것 그리고 필요한 노력을 기울여 방일放逸하지 않음으로써 자신의 해탈을 스스로 이룩해내는 것이다.

---

69 《중부》 38경 I권 265쪽.

그대들 스스로 노력하지 않으면 안 된다.
여래들은 다만 길을 가리킬 따름이다.[70]

그대 스스로가 자신의 섬이 되라, 그대 스스로가 자신의 피난
처가 되라. 남을 피난처로 의지하지 마라. 법을 섬으로 삼고,
굳건히 붙들어라. 법을 피난처로 삼고, 굳건히 붙들어라. 그
밖에 다른 어떤 피난처에도 의지하려 들지 마라.[71]

분발하라, 일어나라.
부처님의 가르침에 힘써 노력하라.
죽음의 군대를 무찔러라.
마치 코끼리가 갈대움막을 뭉개버리듯이.[72]

이렇게 말씀하시는 부처님이야말로, 사상 최초로 인류
에게 해탈은 스스로 찾아야지 그 어떤 구원자에게, 그것

---

70 《법구경》 276게

71 《장부》 16경 II권 100쪽. [역주] 이 부분은 2008년 개정판에는 없지
만 초판본에 실려 있으므로 그대로 둔다.

72 《상응부》 I권 156쪽.

이 인간이든 또는 신이든 간에 의존해서는 안 된다는 것을 가르쳐 주신 분이다.

남이 우리를 낮은 단계의 삶에서 높은 단계로 끌어올려 주고 또 궁극적으로 해방시켜 준다는 관념은 우리를 게으르고 나약하며, 무기력하고 어리석게 만들기 쉽다. 이런 종류의 신앙은 품위를 떨어뜨리고, 도덕적 존재로서 인간이 발할 수 있는 위엄을 여지없이 짓눌러 버린다.

깨달으신 분께서는 당신을 따르는 사람들에게 자립심을 기르도록 권하셨다. 우리는 타인으로부터 간접적인 도움을 받을 수는 있다. 그러나 고苦로부터의 해방은 각자가 스스로 자신의 행위를 갈고 닦음으로써 나름대로 이루어 내지 않으면 안 되는 것이다.

참된 청정

불교사상에서 신앙심이나 외경심 같은 것은 사실을 이해하는 데 아무런 역할도 하지 못한다. 법의 진리성은 오로지 통찰을 통해서만 파악될 수 있을 뿐이며, 그 어떤 존재 - 그 정체를 우리가 알건 모르건 간에 - 에 대해 맹목적인 믿음이나 외경심을 가진다고 해서 파악할 수 있는 것이 아닌 것이다.

부처님은 맹목적으로 전지전능한 신을 믿거나 외경하는 것을 진리를 이해하는 접근방식으로서 찬성하지 않았을 뿐 아니라, 소득 없는 의례·의식에 집착하는 것도 반대하셨다. 단식이라든가, 강에서 목욕한다든가, 동물을 희생으로 바친다든가, 그 밖에 이와 유사한 행위들은 겉으로 씻어내는 행위에 불과할 뿐, 참다운 의미에서 인간을 정화시키거나 성스럽고 고귀하게 만드는 데 도움이 되지 않기 때문이다.

부처님과 바라문 순다리까 바라드와자 사이에 이런 대화가 있었던 적이 있다. 그때 부처님은 비구들에게 해탈을 구하려면 어떻게 스스로를 닦아야 하는지 자세히 설명하신 후, 이에 덧붙여 마음의 때가 사라지고, 청정한 삶을 완성하고, 할 일을 해 마친 사람은 안으로 목욕하는 사람이라 부를 수 있다고 하셨다.

마침 부처님 가까이에 앉아 있던 바라드와자가 이 말을 듣고 다음과 같이 여쭈었다.

고따마께서는 바후까 강에 목욕하러 가십니까?

브라만이여! 바후까 강에는 어떤 공덕이 있는가? 바후까 강은 무엇을 할 수 있는가.

고따마시여! 바후까 강은 많은 사람들이 신성하다고 믿고 있습니다. 사람들은 자신들의 악업을 바후까 강에서 씻어냅니다.

그러자 부처님께서는 강에서 목욕한다고 해서 마음의 때나 죄가 씻길 수는 없다는 점을 납득시킨 다음 이렇게 가르치셨다.

바라문이여! 이 법과 계율에서 목욕하면 어떤 존재든 안락함을 얻을 것이다. 만일 그대가 거짓말을 하지 않고, 살생하지 않고, 도둑질하지 않는다면 또 그대가 확신에 차 있고 옹졸하지 않다면 무엇 때문에 가야 강[73]에 가야 한단 말인가. 그대 집에 있는 우물물 또한 가야의 물과 다를 바 없지 않은가.[74]

《법구경》165게송은 가르쳐 준다.

악을 행하는 것도 자신이요,
스스로를 더럽히는 것도 자신이며,
악을 범하지 않는 것도 자신이요,
스스로를 정화시키는 것도 자신이다.
청정과 더러움이 오로지 자신에게 달렸다.
아무도 남을 청정하게 해줄 수 없다.[75]

---

73 [역주] 가야 강: 부처님 당시 성수로 손꼽히던 강

74 《중부》 7경 〈와투빠마 경〉 I권 39쪽 (Wheel No.61, 62에 영역英譯되어 있음)

75 [역주] 《법구경》 165게송은 개정판에는 없지만 초판에 의해 그대로 둔다.

카스트 문제

　카스트[76] 체제는 당시 인도의 바라문 계급에게는 사활이 걸린 중대 관심사였으나 부처님은 이 제도가 인간의 존엄성을 해치는 것이라 하여 철저히 반대 입장을 취하셨다. 따라서 이 제도에 대해서는 무시하는 태도로 일관하셨다. 승단에서는 모든 카스트가 화합하여 하나가 되었으니 이는 마치 여러 강물이 바다에 들면 하나가 되는 것과 같았다. 그들은 출가 전의 이름도, 카스트도, 종족도 모두 버리고 한 공동체의 구성원으로 살아갈 따름이니 그것이

---

76 [역주] 카스트caste: 인도의 독특한 봉쇄적 신분계급. 카스트라는 용어의 어원은 라틴어의 castus純血와 포르투갈어의 casta血統라고 함. 인도에서는 베다시대 이래로 출생에 따라 사회적 신분과 직업 등을 카스트에 따라 구분하여 규정함으로써 특이한 사회계급 제도를 구성하고 있다. 고대사회에서는 브라흐마나(바라문: 사제), 크샤트리아(찰제리: 왕과 제후, 무사), 바이샤(비사: 농·공·상 서민), 수드라(수타라: 노예)의 4성 구별이 있었지만, 점차 가지를 쳐서 부副카스트가 생기고 잡종계급도 생겨 종교적, 역사적, 사회적으로 복잡한 모습으로 나타났다. 또한 종족, 종교, 직업 등에 따라서도 가지를 쳐서 현재는 세분된 수가 2천이나 3천에 이른다고 한다. 서로 다른 카스트 사이에는 식사와 결혼이 금지되고, 극히 복잡하고 엄격한 풍습과 계율을 지킨다.

승가*saṅgha*이다.

승가의 모든 구성원의 평등함에 대해서 이렇게 말씀하신다.

비구들이여, 마치 갠지스, 야무나, 아찌라와띠, 사라부, 마히
와 같은 큰 강이 바다에 이르면 이전의 각각 이름이 사라지고
대양으로 불리듯이, 비구들이여, 네 계급 카스트의 사람들이
… 여래가 설한 법과 계율 아래에서 집을 떠나 집 없는 사문이
되면, 이전의 각각의 이름이 사라지고 수행자 석가의 아들로
불린다.[77]

현대에는 바라문 계급은 그 특성을 고집하고, 크샤트리아는 서북 인도
의 라지푸트족 및 지주계급 등에 그 모습을 전하고, 바이샤는 일반 상
업자로 대표되고 있다. 또 카스트에도 들지 못하는 최하층 계급으로
서 불가촉천민(파리아)이 있는바, 인도 독립 후로는 평등한 사회적 지위
를 보장받아 이 불가촉천민의 출신자로서 지도적 역할을 맡고 있는 사
람도 많다. 카스트제도는 현재 인도공화국의 헌법에 의해 부정되고 있
지만 농촌에서는 아직도 실제 문제로 남아 있어 인도 민족의 근대화를
방해하는 가장 큰 장애가 되고 있으며, 이 카스트 문제의 해결이 인도
국가의 발전과 국민 번영의 관건이 되고 있다.(나까무라 하지메 지음, 《불
교어 대사전》에서 인용)

[77] 《감흥어 *Udāna*》 55.

일찍이 이처럼 분명히 밝힌 인종주의와 인종 차별주의에 대한 불교의 입장은 오늘날 유네스코가 채택한 도덕적이며 과학적인 입장과 같다.[78]

부처님의 혈통을 묻는 바라문 순다리까 바라드와자에게 부처님은 이렇게 대답하신다.

나는 바라문도, 왕자도, 농부도,
그 밖에 무엇도 아니오.
세상의 모든 계층을 다 안다오.
그러나 알기에 나는 내 길을
자아를 멸한 사람으로서 가고 있다오.
집 없이, 누더기 걸친 채 머리를 깎고,
나는 홀로 내 길을 걷소, 조용히.
나의 출신을 묻는 것은 부질없을 뿐.[79]

---

78 《인종과 인종 편견에 대한 선언 *Declaration on Race and Racial Prejudice*》, UNESCO 1978, (P. D. 프리마시리, 〈올바른 사회 정치적 질서에 관한 불교적 견해 *The Buddhist Concept of A Just Social and Political Order*〉 Young Buddhist, Singapore)

또 한 번은 카스트를 믿고 건방을 떠는 한 바라문이 "서라, 이 까까중아. 멈춰라. 이 천민(노예 계급에도 들지 못하는 이)아!" 하고 부처님을 모욕한 일이 있었다.

스승께서는 조금도 언짢은 기색 없이 점잖게 대답하셨다.

출신 때문에 천민이 되는 것이 아니오.
출신 때문에 바라문이 되는 것도 아니오.
행위가 사람을 천민으로도 만들고,
행위가 사람을 바라문으로도 만드는 것이오.[80]

그러고서 천민의 특징이 정말 무엇인지 자세히 설명해 주셨다. 마침내 오만하던 바라문은 부처님의 말씀을 알

---

79 《숫따니빠아따》 455, 456게송. 챠머Chalmer의 영역英譯(하버드 오리엔탈 시리즈)

80 《숫따니빠아따》〈와살라 경〉 142게송 [역주] 빠알리어로 와살라는 천민이라는 뜻임.

아들고 뉘우치어 부처님께 귀의했다.[81]

부처님께서는 승단의 고귀한 삶을 실천하기에 적합한 사람이라고 생각되면 그 사람의 카스트와 계급을 가리지 않고 누구든지 문을 활짝 열고 받아들이셨다. 그래서 미천한 계급의 출신으로 후에 승단에서 두각을 나타낸 사람들도 많았다. 이런 면에서 볼 때 부처님은 그때껏 카스트와 계급으로 사분오열되어 있던 사람들을 관용과 화합으로 서로 함께 어울리도록 노력하신 당대 유일한 스승이셨다.

승단의 계율에 관한 한 최고 권위자였던 우빨리는 원래 이발사였는데, 이 직업은 비천한 계급의 사람이 종사하는 가장 천한 직업의 하나였다. 후에 아라한이 된 수니따도 천한 직업인 청소부 출신이었고, 비구니 가운데 뿐나와 뿐니까는 노예 출신이었다. 리스 데이비즈 부인에 의하면 수

---

81 저자의 《The Book of Protection》 91쪽 참조.

행의 결실로 깨달음을 성취한 비구니의 8.5퍼센트가 글도 배우지 못한 천대받던 카스트 출신이었다고 한다.[82]

---

82 말랄라세케라·쟈야띨레케 공저, 《불교와 인종문제 *Buddhism and the Race Question*》(Wheel 200/201)

IV 제자들

수제자들

마가다국의 수도 라자가하(왕사성)는 부처님께서 대각을 이루신 후 먼저 찾으셨던 지역 중의 하나이다. 출가 초기 수행시절에 부처님은 세니야 빔비사라 왕에게 대각을 성취하면 꼭 라자가하를 찾겠노라고 약속한 적이 있었다. 빔비사라 왕은 부처님을 뵙게 되자 크게 기뻐하여, 그 자리에서 가르침을 받은 다음 바로 재가신도가 되었다. 부처님을 열렬히 신봉하게 된 왕은 며칠 후에는 자신의 유희공원으로 쓰던 웰루와나 동산을 부처님께 바쳐 머무시도록 했다.

당시 라자가하는 새로운 사조의 중심지로 많은 철학유파가 번성하고 있었다. 그 중에 산자야라는 사상가가 이

끄는 학파는 추종자가 250명이나 되었다. 이들 중 우빠띳
사와 꼴리따는 나중에 부처님께 귀의하여 두 상수제자上
首弟子가 되었으니 사아리뿟따와 마하 목갈라아나가 바로
그들이다. 그들이 부처님을 만난 인연은 다음과 같다.

어느 날 라자가하의 거리를 거닐고 있던 우빠띳사는 한
사문의 엄숙한 용모와 고요하고도 위엄 있는 거동을 보
고 크게 감명을 받았다. 과거 수많은 생을 통해 완성을 성
취하고자 노력해 온 우빠띳사의 끊임없는 노력이 이제 바
야흐로 결실을 맺을 순간에 이르렀음인지 이날따라 그
사문의 모습은 우빠띳사의 마음을 유달리 사로잡았다.
이 사문은 다름 아닌 부처님 최초의 다섯 제자 중 한 사
람으로 아라한과를 성취한 앗사지[馬勝] 비구였다. 우빠띳
사는 이 고상한 사문이 누구의 제자이며 어떤 가르침을
받고 있는지 알고 싶어서 아라한이 탁발을 마칠 때까지
줄곧 따라갔다. 그리고 물었다.

벗이여, 당신은 모습이 우아하고 눈빛이 맑게 빛납니다. 당신을 출가하도록 설득한 사람은 누구입니까? 당신의 스승은 누구시며, 어떤 법(가르침)을 따르고 계십니까?

앗사지 존자는 많은 말을 하기 꺼리는 듯 겸손하게 말했다.

나는 교의와 계율을 길게 설명하지는 못하고 대의만 간략히 말해 줄 수 있습니다.

이에 대한 우빠띳사의 대답이 주목할 만하다.

좋습니다. 벗이여, 적든 많든 좋으실 대로 말해 주십시오. 제가 원하는 것도 그 대의입니다. 장황한 말이 왜 필요하겠습니까?

그러자 아라한 앗사지는 부처님의 모든 가르침을 다 담고 있는 연기법을 한마디로 요약하여 게송을 한 수 읊었다.

원인에서 발생하는 그 모든 것,

여래께서 그 원인을 밝혀주셨네.

또 그것들의 멸진에 대해서도 설명하셨나니,

이것이 대 사문의 가르침이라네.

Ye dhammā hetuppabhavā

tesaṁ hetuṁ tathāgato āha

Tesañ ca yo nirodho

Evaṁ vādi mahāsamaṇo.

우빠띳사는 이 게송을 듣자 바로 그 뜻을 이해했다. '생겨나는 성질을 가진 것은 모두 소멸하는 성질을 가진 것*Yaṁ kiñci samudayadhammaṁ sabbaṁ taṁ nirodhadhammaṁ*' 임을 그 자리에서 깨닫고 깨침의 첫 단계(예류과)를 성취했다.

그는 기쁨으로 가슴이 벅차 서둘러 친구 꼴리따에게 달려가 아라한을 만난 사실과 가르침 받은 내용을 얘기해 주었다. 꼴리따 역시 친구가 전해 주는 게송을 듣고서 곧바로 깨침의 첫 단계를 얻었다. 그 자리에서 두 사람은 스승 산자야에게 나아가 부처님을 따르자고 권했다. 그러나 종교지도자로서의 명망을 잃을까 두려워한 산자야는 제자들의 권유를 거절했다. 할 수 없이 꼴리따와 우빠띳사는 산자야의 강력한 만류를 뿌리치고 그를 떠나 웰루와나 정사로 갔다. 부처님에게 귀의할 뜻을 사뢰자 부처님은 그들을 기꺼이 맞아들이며 말씀하셨다.

오라. 비구들이여! 법은 잘 설해져 있도다. 청정한 삶[梵行]으로 고를 완전히 없애도록 하라.

그리고 그들을 승단에 받아들이셨다. 그들은 깨달음을 성취한 후 부처님의 뜻을 받들어 승단을 이끄는 두 상수 제자가 되었다.

부처님이 웰루와나 정사에 머무실 때 승단에 들어온 또 한 사람의 위대한 제자는 바라문 출신의 현자 마하깟사빠였다. 그는 구경해탈에 이르는 길을 찾기 위해 거대한 부富도 팽개치고 출가한 사람이었다. 부처님께서 반열반에 드시자 그로부터 3개월 후, 왕사성 근처의 칠엽굴에서 아라한들의 대회동(1차 결집)을 주관한 사람이 바로 그였다. 아자따사뚜 왕의 후원을 받아 경經과 율律을 최초로 정리, 편찬한 그 모임은 불교사에서 대단히 중요한 의미를 지닌다.

비구니 승단

초기에는 승단이 남자로만 구성되었었다. 이는 부처님께서 여자가 승단에 들어오는 것을 꺼리셨기 때문이었다. 하지만 재가여신도 가운데는 세속을 벗어나 청정한 삶을 살아가기를 소망하는 신심 깊은 여인들이 많이 있었다. 이들은 싯닷타 태자의 양모였던 고따미 빠자빠띠를 설득하여 그를 앞세우고 부처님께 나아가 여인의 출가 수계를 허용해 주시도록 탄원했다. 그러나 부처님은 여전히 이들의 청을 받아들이지 않으셨다. 그러자 이번에는 아아난다 존자가 나서서 부처님께 간청했다. 존자는 여인들의 열의에 감복하고 그리고 그들이 상심하는 모습에 동정심을 품었던 것이다.

마침내 부처님은 양보하셨으나 여인의 수계에 대해서는 8가지 제한 조건을 덧붙이셨다. 이렇게 하여 성불 후 5년째 되던 해에 비구니 승단이 탄생한 것이다. 이는 역사상 초유의 일로, 일찍이 여인의 출가생활을 위해 단체가 만들어졌던 적은 없었다. 비구니 승단이 탄생하자 갖가지 인생행로를 걸어온 여인들이 속속 승단에 들어왔다. 비구니 승단의 지도자는 케마와 웁빨라완나 두 장로니長老尼였다. 이들 고귀한 비구니가 해탈을 향해 노력하는 정경과 마침내 해탈을 이루고서 읊조린 환희의 찬가들이 《장로니 게송집》[83]에 생동감 넘치게 기록되어 있다.

---

83 C. A. F. 리스 데이비즈 영역, 《장로니 게송집 *Psalms of the Early Buddhists - The Sisters*》(PTS 번역 시리즈)

까삘라왓투에서

라자가하에 계시던 중, 부왕께서 꼭 만나보고 싶어 한다는 전갈을 받은 세존은 까삘라왓투로 향하셨다. 그러나 까삘라왓투에 이르자 부처님은 곧바로 궁전으로 드시질 않고, 관례대로 도시 밖의 숲에 머무셨다. 다음 날 부처님께서는 발우를 들고 까삘라왓투의 거리에 나가 이집 저집 다니며 법다이 탁발을 하셨다. 숫도다나 왕은 그 소식을 듣고 깜짝 놀라서 부처님께 달려가 말했다.

세존이시여! 왜 우리를 부끄럽게 만드십니까? 왜 음식을 빌러 다니십니까? 우리 가문에서 일찍이 그런 일을 한 사람은 없었습니다.

이에 부처님께서 대답하셨다.

왕이시여, 대왕과 대왕의 가족들이 대대로 왕의 후예이듯이 나는 옛 부처님들의 후예입니다. 옛 부처님들은 음식을 구걸하며 언제나 탁발 생활을 했습니다.

그러고는 법을 설하여 이렇게 말씀하셨다.

깨어 있으십시오. 마음을 챙겨 지니십시오. 법다이 사십시오.
법답게 사는 사람들은 이생에서도, 내생에서도 행복하게 삽
니다.

부처님의 말씀을 듣고 왕은 확고하게 법의 길에 들어섰
다. 마침내 그는 법을 이해한 것이다. 그런 다음 부처님께
서는 궁전으로 향하셨다. 궁에서는 모든 사람이 부처님께
경배 드리러 나왔으나 야소다라 비妃만 나타나지 않았다.

부처님께서 몸소 그녀에게 가시니 그녀는 부처님을 뵙
는 순간, 두 사람 사이에 건널 수 없는 심연이 가로놓여
있음을 깨닫고 부처님 발아래 엎드려 절을 하였다. 그러
자 부처님께서는 전생담을 들려주시며 그 전생에 그녀의
공덕이 얼마나 위대했던가를 낱낱이 자세하게 밝혀주셨
다.[84] 이야기를 듣자 그녀도 드디어 법을 이해하고 받들게

되었다. 후에 여성승단이 만들어지자 야소다라도 출가하여 최초의 비구니 가운데 한 사람이 되었으며, 아라한의 깨달음을 이루었다.

부처님이 궁전에 계실 동안 야소다라 비는 아들 라아훌라에게 제일 좋은 옷을 입혀, 세존께 보내면서 일렀다.

라아훌라야! 저분이 네 아버지이시다. 가서 너의 상속물을 달라고 하렴.

라아훌라 왕자는 부처님께 다가가 그 앞에 서서 말했다.

현자시여, 당신의 그늘은 즐겁습니다.

부처님께서 공양을 마치고 궁전을 떠나자, 라아훌라 왕자는 따라가며 말씀드렸다.

---

84 《본생경》 485 〈짠다낀나라 본생담〉

저에게 상속물을 주십시오.

그 말을 듣자 세존은 사아리뿟따에게 일렀다.

그래, 그럼 사아리뿟따여, 이 아이를 승단에 넣도록 하시오.

그리하여 사아리뿟따는 라아훌라에게 사미계를 주었다.[85]

5부경[86] 중 하나인《중부》에는 '라아훌라에게 주는 말씀'이란 제목의 경이 세 개나 실려 있다(61, 62, 147경). 어린 라아훌라에게 법을 가르치고 있는 이 경들은 한결같

---

85 《율장》〈대품〉. 승려가 되는 절차에 관한 자세한 내용은 삐야닷시 스님과 J. F. 딕슨의《테라와다 불교의 수계절차 *The Ordination in Theravada Buddhism*》(Wheel No.56, BPS) 참조.

86 [역주] 5부경: 경장經藏 *sutta piṭaka*을 이루는 다섯 니까야五部 *Pañca Nikāya*로서 장부長部 *Dīgha Nikāya*, 중부中部 *Majjhima Nikāya*, 상응부相應部 *Saṁyutta Nikāya*, 증지부增支部 *Aṅguttara Nikāya*, 소부小部 *Khuddaka Nikāya*이다. 자세한 것은 보리수잎·일곱《미래의 종교, 불교》,〈고요한 소리〉주 2 참조.

이 계율과 선정을 주로 설명하고 있다. 그 중 〈마하라아훌라와다 경〉[87]의 한 구절을 소개한다.

라아훌라야! 자애[慈][88]를 관하는 공부를 닦아라. 자애를 닦으면 악의惡意가 사라지게 된다. 라아훌라야! 연민[悲]을 관하는 공부를 닦아라. 연민을 닦으면 잔인성이 사라진다. 라아훌라야! 더불어 기뻐함[喜]을 관하는 공부를 닦아라. 더불어 기뻐하는 마음을 닦으면 혐오가 사라진다. 라아훌라야! 평온함[捨]을 관하는 공부를 닦아라. 평온을 닦으면 대립하는 마음이 사라진다.[89] 라아훌라야! (육신의) 더러움[不淨]을 관하는 공부를 닦아라. 더러움을 관하는 공부를 닦으면 애욕이 사라진다. 라아훌라야! 무상의 인식[無常想][90]을 관하는 공부를 닦아라. 무상의 인식을 관하는 공부를 닦으면 아만('내

---

87 《중부》 62경 I권 424~425쪽. Wheel No.33(BPS)에 완역되어 있음.

88 [역주] 자애[慈]의 원어 *mettā*는 친구 사이의 우정friendship을 의미하며, 친구의 우정과 같은 동등한 입장의 평등한 사랑을 말함.

89 사무량심: 보리수잎·다섯 《거룩한 마음가짐-사무량심》(BPS, Wheel No.6), 〈고요한소리〉 참조.

90 [역주] 무상상無常想 *anicca saññā*: 변화하지 않는 것은 아무것도 없다고 인식하는 것

가 있다', '나다'라는 생각 *asmi-māna*)이 사라진다. 라아훌라야! 호흡에 대한 마음챙김[入出息念 *ānāpānasati*]을 닦아라. 라아훌라야! 호흡에 대한 마음챙김을 닦아 자주 익히면 얻는 바가 많아서 크게 이익되리라.

불전에 나오는 여인들

부처님 당시 인도에서는 바라문교의 영향 때문에 일반적으로 여성들은 별로 대우를 받지 못했다. 때로는 남성의 예속물로서 천시되는 경우도 있었다. 물론 당시 여성들 중에도 철학적 문제와 같은 지적 분야에 대해서 해박한 지식을 보여주고 있는 예가 눈에 띄지 않는 것은 아니다. 그러나 여성들의 지위가 현저히 상승된 것은 역시 부처님의 덕택이라 하지 않을 수 없겠다. 부처님은 당신의 너그러운 마음과 큰 도량으로 언제나 여성들을 자상하고 정중하게 대하셨으며 그들에게도 똑같이 청정 그리고 성스러움에 이르는 고귀한 길을 가르쳐 주셨다.

세존께서는 이런 말씀을 하셨다.

어머니는 집안의 친구요,
아내는 남편의 최상의 벗이다.

암바빨리[91]는 평판이 좋지 못한 여자였지만 부처님께서는 그 여인의 공양 초대를 거절하지 않으셨다. 여인이 올리는 음식을 다 드신 다음, 보답으로 법의 선물(법보시)을 주셨다. 그 가르침을 받고 깊이 신심을 일으킨 여인은 지금까지의 불성실했던 세속 생활을 청산하고 출가하여 비구니가 되었다. 그리고 열심히 정진한 끝에 드디어 아라한의 경지에 이르렀다.

부처님이 그 크신 자비심으로 여인들을 도와주신 예로서 끼사고따미의 얘기를 빠뜨릴 수 없다. 불교의 지혜와

---

91 C. A. F. 리스 데이비즈 영역,《장로니 게송집 *Psalms of the Early Buddhists -The Sisters*》120쪽.

자비를 가장 단적으로 드러내 보여준 감명 깊은 일화이기 때문이다.

사왓티 태생인 끼사고따미는 고따마 집안이었고 따라서 부처님과는 친척이 되는 셈이다. 몸이 너무나 야위고 연약해서 사람들이 끼사(말라깽이)고따미라고 불렀다. 여인은 부유한 상인의 아들과 결혼해서 사내아이를 낳았다. 그러나 아기는 걸음마도 하기 전에 갑자기 병에 걸려 죽어버렸다. 아기의 죽음은 어머니에게 형언할 수 없는 비탄을 안겨주었다. 오직 하나뿐인 외아들을 향한 한없는 모정 때문에 어머니는 아기가 죽었다는 사실을 도저히 믿을 수 없었다. 슬픔에 가슴이 미어져 정신이 나간 여인은 자기가 무엇을 하는지도 알지 못한 채 아기를 살려낼 약을 구하러 미친 듯이 여기저기를 쏘다녔다. 그러나 사왓티 성의 어떤 의사도 죽은 시체에 생명을 불어넣어 줄 수는 없는 노릇이었다. 헤매던 끝에 마침내 부처님 앞에까지 이르게 된 여인은 죽은 아기를 세존의 발아래 내려놓으면서 자기 아들의 생명을 살려 달라고 애원했다.

대비주大悲主께서는 부드럽게 말씀하셨다.

누이여! 좋은 영약이 있느니라. 내가 그대의 고통을 치유해 줄 테니 가서 겨자씨를 얻어 오너라. 그러나 고따미여! 겨자씨를 얻을 때 사람이 죽은 적이 없는 집에서 얻어야 한다는 것을 잊지 않도록 해라.

그러자 고따미는 곧 마을로 달려가서 겨자씨를 구하기 위해 집집마다 찾아다녔다. 마을 사람들은 동정심에서 모두 겨자씨를 주려고 했다. 그렇지만 어쩌랴! 그 많은 집 가운데 어디에도 사람이 죽지 않았던 집은 찾을 수 없었다. 이렇게 오랫동안 헤매던 고따미는 마침내 죽는다는 게 얼마나 보편적인 사실인가를 알아차렸다. 이 세상의 모든 사랑스럽고 소중한 것들이 덧없다는 것을 또 모든 만남은 이별로 끝날 수밖에 없다는 것을 그리고 생명은 결국 죽음으로 끝난다는 것을 깨달았던 것이다. 슬픔에서 벗어나게 된 여인은 죽은 아기를 시체 안치장에 안치한 후 사원 쪽으로 발길을 돌리며 다음과 같이 읊조렸다.

모든 것은 무상하다는 이 법,

이는 마을의 법도 도시의 법도 아니네.

이 씨족의 법도, 저 씨족만의 법도 아니네.

온 세상 아니 천상세계마저도

이 법에선 벗어날 수 없네.[92]

부처님의 지도하에 끼사고따미는 무상無常이야말로 조건에 매인 모든 존재의 근본적인 특징이라는 것을 깨닫게 되면서 첫 번째 성위인 예류과를 성취했다.[93]

이 밖에도 부처님께서 삶의 간난신고艱難辛苦로 고통받는 여인들을 위로하고 도와주신 예는 수없이 많다.

---

92 《장로니 게》주석서. 영역英譯《장로니 게송집 *Psalms of the Sisters*》(PTS) 107쪽 참조.

93 [역주] 끼사고따미 이야기는 2008년 개정판에는 없지만 초판본에 따라 그대로 둔다.

환자를 보살피시다

병든 사람들에 대한 부처님의 자비심 또한 각별하셨다. 한 번은 뿌띠갓따 띳사라는 비구가 궤양에 걸려 더러운 침대에 누워 신음하고 있는 모습을 보셨다. 그 즉시 부처님께서는 따뜻한 물을 준비하시어 아아난다 존자의 도움을 받아가며 손수 병든 비구를 씻어주고 자상하게 병구완을 해 주셨다. 그런 다음 법을 설하시어 병자가 죽기 전에 아라한과를 성취하도록 도와주셨다. 띳사 아라한이 입적하자, 장례식을 법에 맞추어 거행한 다음 부처님은 탑을 세워 그의 유골을 안치하도록 조치하셨다.[94] 그 밖에도 병든 비구들을 여러 번 몸소 돌보아 주셨으며 제자들에게도 다음과 같이 촉구하셨다.

---

94 알렉산더 커닝엄 장군은 고고학적 보고서(1862~1863)에서 이렇게 적고 있다. "기원정사의 북동쪽에 부처님께서 병든 비구의 손과 발을 닦아 주었다는 지점에 탑이 세워져 있었다. … 기원정사에서 약 200미터 떨어진 곳에 이 탑의 유적이 지금도 벽돌더미 가운데 남아 있다." 커닝엄 장군이 만든 사왓티(현재 사헤트-마헤트) 지도에는 탑의 위치가 H로 표시되어 있다. 《인도의 고고학적 개관 *Archaeological Survey of India*》(Simla, 1871) 341쪽 참조.

비구들이여! 나를 시중들 듯 그 마음으로 환자를 시중들도록 하라.[95]

이렇듯 부처님의 사랑은 너무나 커서 측량할 길이 없고 너무나 넓어서 미치지 않는 곳이 없었다. 제자들에게도 이러한 사랑의 마음을 간곡히 가르치셨다.

마치 어머니가 목숨을 걸고 자식을
그것도 하나뿐인 자식을
다치지 않도록 보호하듯이
너희도 모든 살아 있는 것들을
빠짐없이 감싸는 생각을
온전히 지키도록 하라.[96]

부처님의 가르침이 언제나 자비로 넘치고 있듯 부처님

---

95 《율장》〈대품〉 I권 302쪽.
96 《숫따니빠아따》〈자애慈愛경〉 149게송. 챠머의 영역(하버드 오리엔탈 시리즈)

의 행동도 한결같이 자비심으로 가득하셨다.

수많은 사람들을 가르치고, 눈을 뜨게 하고, 환희에 젖게 만들면서 이 마을에서 저 마을로, 이 도시에서 저 도시로 편력하는 동안 부처님은 무지로 말미암아 삿된 견해에 사로잡힌 사람들이 신을 섬기기 위해 짐승을 도살하는 광경을 수없이 목격하셨다. 이들에게 부처님은 타이르셨다.

생명이란
누구나 뺏을 수는 있지만,
줄 수는 없는 것.
모든 생물은 제 목숨을 사랑하여 지키려 애쓰네.
목숨은 경이롭고, 소중하고, 즐겁다네,
비록 하찮아 보이는 미물에게도.[97]

---

97 에드윈 아놀드, 《아시아의 빛》

실로 당시는 사람들이 신에게 자비를 구한답시고 무자비한 짓을 서슴지 않던 시절로, 제멋대로 신을 상정하고는 제단에 무고한 동물들을 희생으로 올림으로써 오히려 신을 모독하는 끔찍한 짓을 자행하며 전 인도를 피로 얼룩지게 만들던 때였으며, 고행자와 바라문들의 그릇된 의례 의식 때문에 인간은 재앙을, 동물은 단말마의 고통을 겪어야만 했다.

이런 시절에 자비의 화신인 부처님이 나타나서 일찍이 깨달은 분들 모두가 가셨던 그 옛 길[道], 사랑과 이해로 충만한 정의로운 그 길을 다시 찾아내어 사람들에게 가르쳐 주셨던 것이다.

멧따[慈愛] 또는 사랑은 그 자체로 분노의 가장 좋은 해독제이다. 자애는 화를 내는 사람을 위한 가장 좋은 약이다. 그리고 우리는 사랑을 필요로 하는 모든 사람에게 자유롭고 한량없는 가슴으로 자애심을 펼쳐가야 한다. 가슴의 언어, 가슴에서 나와서 가슴으로 전해지는 언어인 자애는 항상 단순하고 우아하고, 힘으로 가득 차 있다.

평온과 침착

득과 실, 명성과 악평, 칭찬과 비난, 고통과 행복[98] 등
등 온갖 생의 우여곡절이 부침하는 와중에도 부처님은
조금도 흔들리는 일이 없으셨다. 단단한 바위처럼 요지
부동이셨다. 행복한 일이 생겼다고 해서 의기양양해 하지
도 않았고, 불행한 일이 생겼다고 해서 의기소침해 하지도
않았다. 물론 언쟁이나 적개심을 조장하는 일은 더욱 없
었다. 비구들에게 이렇게 말씀하고 계신다.

비구들이여! 나는 세상과 더불어 싸우지 않노라. 세상이 나
에게 싸우려들 뿐이노라. 법을 설하는 자는 이 세상 그 누구
와도 싸우지 않노라.[99]

---

98 이것들을 여덟 가지 세간법 *Aṭṭha-lokadhamma*(利, 衰, 毁, 譽, 稱, 譏, 苦, 樂)
이라고 한다. 사람의 마음을 능히 흔든다 하여 여덟가지 바람[八風]이
라고도 부른다.

99 《상응부》 III권 138쪽.

또 제자들을 이런 말씀으로 훈계하고 계시다.

비구들이여! 남들이 여래를 헐뜯고, 법을 헐뜯고, 승단을 헐
뜯는다고 해서 그 때문에 난처해하거나 적대심, 악의 따위를
품어서는 안 되느니라. 비구들이여! 너희들이 그 때문에 못마
땅해 하거나 성을 내면 정신적 향상에 방해가 될 뿐 아니라,
그들의 말이 어디까지 옳고 어디까지 그른지 판단할 수 없게
되고 만다. 너희는 그런 때에 사실이 아닌 것은 해명함으로써
모든 것을 분명히 밝혀주도록 해야 한다.

비구들이여! 또한 남들이 여래를 추켜올리고, 법을 추켜올리
고, 승단을 추켜올려 말하더라도 그것 때문에 마음이 우쭐
해져서는 안 된다. 그러면 너희의 내면이 성숙하는 데 큰 장
애가 될 뿐이다. 그런 때는 옳은 말은 옳다고 인정하고 그 옳
은 까닭을 설명해 줘야 한다.[100]

100 《장부》 1경 〈범동경梵動經 또는 범망경梵網經 *Brahmajāla Sutta*〉 I권
    2~3쪽.
101 《법구경》 320게

부처님은 일찍이 그 누구에게도, 심지어 반대자나 적대자에게까지도 불친절한 언사를 쓰신 경우는 한 번도 없었다. 부처님과 법에 대해 반대하는 사람들이 있었지만 부처님은 결코 그들을 적으로 보지 않으셨다. 남들이 격렬한 어조로 비난해 올지라도 부처님은 성을 내거나 혐오감을 품거나, 불친절한 말을 입에 올리지 않으셨다. 부처님은 이렇게 말씀하신다.

전장에서 코끼리가
날아오는 화살을 견뎌내듯
그처럼 나는
남들의 비방과 적대적 안색을 참아 내리라.[101]

데와닷따

이와 같은 부처님의 인욕정신은 데와닷따와의 관계에서 역력히 드러난다.

데와닷따는 부처님의 사촌으로, 승단에 들어와 범부의 신통력puthujjana-iddhi을 얻었다. 뒷날 그는 승단의 지도자가 되려는 야심을 품으면서 부처님과 두 상수제자인 사아리뿟따와 마하 목갈라아나에 대해 시기심과 악의를 키우기 시작했다.

그래서 데와닷따는 마가다국 빔비사라 왕의 아들인 젊은 아자따사뚜 왕자에게 접근하여 교묘히 비위를 맞추어 가면서 마음을 사로잡았다. 그러던 어느 날 부처님이 웰루와나 정사에서 왕을 비롯한 많은 대중들에게 법문을 설하시고 있을 때 데와닷따가 부처님에게 다가와 인사하고는 말했다.

스승님, 스승님께서는 이제 연로하시어 기력도 쇠잔해지셨습니다. 스승님은 모든 근심, 걱정을 벗어나 은거 생활을 하시는 것이 좋겠습니다. 승단은 제가 이끌어 가겠습니다.

부처님이 이 제안을 거부하시자, 데와닷따는 당황하여

화를 내면서 부처님에게 증오와 악심을 품고 그 자리를 떠나갔다. 그는 못된 흉계를 품고 그 길로 아자따사뚜 왕자를 찾아가 왕자의 감춰진 야심에 불을 붙이는 말을 했다.

왕자님이여! 부왕을 살해하고 왕위를 차지하십시오. 그렇지 않으면 죽기 전에 언제 지배자가 되어 보겠습니까? 나는 세존을 죽이고 승단의 지도자가 되겠습니다.

아자따사뚜가 부왕을 시해하고 왕위에 오르자, 데와닷따는 불한당들을 매수하여 부처님을 해치려 했다. 그러나 실패하자 다시 부처님이 라자가하에 있는 기자꾸따 언덕을 오르고 있는 기회를 틈타 그 자신이 직접 바위를 세차게 굴려 떨어뜨렸다. 바위는 굴러내리다 둘로 쪼개지면서 조그만 파편이 부처님에게 튀어 발에 가벼운 상처를 내었다.

그 후 데와닷따는 코끼리에게 술을 먹여 취하게 만든 다음, 부처님을 향해 내몰았다. 그러나 코끼리는 부처님의 자애의 힘에 눌려 부처님 발 앞에 꿇어 엎드려 버렸다.

다시 데와닷따는 승단 내에 분열을 일으키기 시작했다. 그러나 이렇게 일으킨 불화도 길게 가지는 않았다. 모든 음모가 수포로 돌아가자, 데와닷따는 실의에 빠져 물러났다. 얼마 안 되어 그는 병이 들었고 병상에서 자신의 어리석었던 짓을 뉘우친 끝에 부처님을 친견하기를 소망했다. 그러나 이 소망은 실현되지 못했다. 들것에 실려 부처님께 가던 길에 운명하고 말았기 때문이다. 그러나 죽기 전 그는 참회의 말을 하면서 부처님에게서 귀의처를 구해 마지 않았다.[102]

---

102 《법구경》 주석서 I 권 147쪽.

V 마지막 나날들

마지막 나날들

세존의 입멸을 그린 《대반열반경》[103]은 부처님 생애의
마지막 몇 달 동안에 일어났던 사건들을 빠짐없이 소상하
고 실감나게 기록하고 있다.

이제 세존께서는 팔십의 고령에 이르셨고, 두 수제자
사아리뿟따와 마하 목갈라아나는 이미 석 달 전에 입적
했다. 고따미 빠자빠띠, 야소다라, 라아훌라도 이미 이 세
상 사람이 아니었다.

---

103 《장부》 16경 〈대반열반경〉. Wheel No.67~69에 《부처님의 마지막
나날들 *Last Days of The Buddha*》로 영역되어 있음.

이때 부처님은 웨살리에 계셨다. 우기가 닥쳐오고 있었으므로 많은 비구 대중과 더불어 우기를 나기 위해 벨루와로 가셨다. 거기서 중병이 부처님을 엄습하여 심한 통증을 일으켰으나 세존께서는 침착한 가운데 마음챙김[正念]을 유지하며 견디셨다. 바로 죽음의 문턱에까지 이르렀지만 승가 대중에게 유훈도 남기지 않고 입적할 수는 없다고 생각하셨다. 그래서 엄청난 의지력으로 병과 싸워 이겨내심으로써 생명의 가닥을 이어가셨다. 점차 병환이 호전되어 얼마간 회복되자 그분은 시자인 아아난다 존자를 불러 이렇게 말씀하셨다.

아아난다여! 이제 나는 늙고 나이도 찼다. 내 여행은 막을 내릴 때가 되었다. 수명은 다 되어 여든에 접어들었다. 아아난다야! 낡은 수레를 굴리려면, 가외로 신경을 많이 써야 되는 것처럼 여래의 육체도 의지력을 많이 기울여야 간신히 지탱할 수 있다. 여래의 육신이 편안하려면 여래가 바깥 경계에 마음을 써서 속세의 희로애락을 같이 나누어야 하는 이 고된 일을 그만두고 무상삼매[104]에 들어 머물러 있어야만 한다.

아아난다여! 따라서 그대 자신을 자기의 섬으로 삼을지니라. 그대 자신을 자기의 의지처로 삼을지니라. 남을 의지처로 기대서는 안 되느니라. 법을 섬으로 삼고 굳게 붙들지니라. 법을 의지처로 삼고 굳게 붙들지니라. 다른 어떤 피난처에도 의지하려 들어서는 안 되느니라. 아아난다여! 지금도, 내가 간 다음에도, 누구든지 자신을 섬으로 삼아야 할 것이며, 자신을 의지처로 삼아야 할 것이며, 어떤 바깥 피난처에도 의지하려 들어서는 안 되느니라. 아아난다여! 이렇게 하는 사람들이 바로 내 제자들 중에서도 가장 높은 경지에 이른 사람이 될 것이니라! 다만 그들은 모름지기 향상하려는 의욕으로 충만해 있어야 하느니라.

부처님께서는 벨루와를 떠나 마하와나로 여행하셨고, 거기에서 웨살리 근처에 머물고 있는 승려들을 모두 모이게 하셨다.

---

104 [역주] 무상삼매無相三昧 *Animitta Samādhi*: 감관의 제어를 이룬 사람이 대상[六境]의 일반적 외형을 취하지 않고 일체 차별상을 여읨으로써 누리는 삼매

비구들이여! 나는 내가 깨친 대로 법을 그대들에게 가르쳐 주었다. 그대들은 법에 정통하도록 노력해 닦고, 이에 대해 명상하고, 이를 널리 펴도록 하라. 이 세상에 대한 연민에서, 신들과 인간들의 선과 유익과 행복을 위해서.

그리고 부처님은 다음과 같은 말씀으로 법문을 마치셨다.

내 나이 이제 가득 차서 생은 바야흐로 끝나려 한다.
나는 그대들을 떠난다, 오로지 나 자신에 의지하여 나는 가노라!

비구들이여! 부디 방일放逸하지 말고 힘써 마음 챙기며 계율을 잘 지켜라!
결의를 굳건히 다져라! 자신의 마음을 빈틈없이 지켜보라!
이 교법과 계율[105]을 싫증내지 않고 단단히 붙드는 사람은 생

---

105 [역주] 교법과 계율: 교법教法 *Dhamma*과 계율戒律 *Vinaya*은 부처님의 가르침 전 체계를 가리키며, 부처님 당시의 불교를 뜻한다. 법은 가르침 즉 경經을, 계율은 수행자에게 권고하신 여러 가지 규범을 가리킨다.

의 바다를 건너가 비탄을 끝낼 것이다.

세존께서는 이제 병에 지쳐 허약해진 몸으로 힘들게 여행을 계속하셨다. 아아난다 존자와 수많은 대중이 그분을 뒤따랐다. 이렇듯 길고 피곤한 마지막 여행 중에서도 부처님은 남을 보살피는 마음을 결코 잊지 않으셨다. 마지막 공양을 올린 대장장이 쭌다에게 법문을 설하여 제도하시고, 도중에 만난 아알라아라 까알라아마의 제자 뿍꾸사를 위해서도 가던 길을 멈추고 일일이 질문에 대답하여 제도함으로써 그를 부처님과 법과 승단을 따르는 제자가 되도록 발심시켜 주셨다.

세존께서는 드디어 말라족이 사는 꾸시나라(또는 꾸시나가라)의 살라나무 숲에 이르셨다. 바로 길고 먼 여행의 종착지였다. 이곳이 마지막 휴식처가 되리라는 것을 알고 계신 부처님께서는 아아난다 존자에게 말씀하셨다.

피곤하구나. 아아난다여, 눕고 싶다. 저 두 그루 살라나무 사

이에 머리를 북쪽으로 하여 자리를 펴다오.

그러고는 마음챙김[正念]과 올바로 알아차림[正知]을 유지하신 채 한쪽 다리를 다른 다리 위에 포개고 오른쪽 옆구리를 바닥에 대고 자리에 누우셨다. 다시 아아난다 존자에게 일러 다음과 같이 말씀하셨다.

크거나 작거나 본분을 다하는 사람, 법다이 처신하여 올곧게 삶을 사는 사람, 그런 사람들이야말로 가장 값진 경의로 여래를 올바로 존경하고, 예배하고, 경모하는 사람들이다. 따라서 아아난다여! 그대는 크거나 작거나 본분을 다하도록 성실하라. 법다이 처신하여 올곧게 살도록 하라. 아아난다여, 이와 같이 노력할지니라.

마지막 귀의자

그때 마침 수밧다라는 떠돌이 고행자가 꾸시나라에 있

던 중 부처님의 입적이 임박했다는 소식을 들었다. 그는 평소에 고뇌하던 문제들을 풀기 위해서 부처님께 여쭈어 보려고 급히 살라나무 숲으로 달려갔다. 그러나 아아난다 존자는 부처님이 가시는 마지막 순간을 번거롭게 해드리기를 원치 않아서 친견 기회를 좀처럼 허락해 주지 않았다. 그들 간에 오고 가는 얘기를 어깨 너머로 들으신 세존께서는 수밧다가 순수한 구도심에 차 있으며, 몇 마디만 일러 주어도 깨달을 수 있으리라는 것을 바로 아시고는 아아난다 존자에게 그를 보자고 이르셨다.

수밧다의 의문은 다른 여러 사상유파의 지도자들, 즉 뿌라나 깟사빠, 니간타 나따뿟따 등등이 과연 올바른 깨달음을 성취했는가 하는 문제였다. 세존께서는 그때 이렇게 말씀하셨다.

수밧다여! 어떤 교법과 계율이든지 그 안에 팔정도가 없으면 어떤 성위聖位도, 그것이 첫 번째 성위이든 두 번째 성위이든 또는 세 번째이든, 네 번째이든 그 어느 단계의 성위도 바르게 얻은 사람이 있을 수 없노라. 수밧다여! 어떤 교법이나 계율이라도 팔정도가 거기에 있으면 그 교단에는 첫 번째 단계의 진정한 성인도 두 번째, 세 번째 그리고 네 번째 단계[106]의 진정한 성인도 반드시 있는 법이니라. 나의 이 교법과 계율에는 팔정도가 있으며 또한 그 모든 단계의 성위를 각기 바르게 이룬 사람들이 있느니라. 다른 스승들의 가르침에는 팔정도도 진정한 성인도 찾아볼 수 없느니라. 수밧다여! 이 교단에서는 수행자들이 올바른 삶을 누릴 수 있느니라. 그 덕으로 이 세상에 아라한이 끊어지지 않고 있는 것이니라.[107]

세존의 이와 같은 말씀을 듣자 수밧다는 신심이 우러나 부처님과 법과 승, 삼보에 귀의하였다. 뿐만 아니라 승

---

106 이 네 단계는 예류預流 *sotāpatti*(흐름에 들어섬), 일래一來 또는 一還 *sakadāgāmī*(한 번 돌아옴), 불환不還 *anāgāmī*(돌아오지 않음), 아라한阿羅漢, 應供 *arahatta*(성위의 마지막 단계)을 가리킴. 아라한과는 모든 속박을 끊어 버리고 번뇌를 근절시킨 경지임.

107 팔정도에 대해서 T. W. 리스 데이비즈는 이렇게 적고 있다. "이 세상의 대표적 종교들에 등장하는 모든 인물을 살펴보았지만 그 누구에게서도 부처님의 팔정도를 능가하는 포괄성과 아름다움을 발견할 수 없었다. 나는 팔정도에 따라 나의 인생을 꾸려나가는 것보다 더 큰 보람을 느낀 적이 없다."

단에 들어오기를 원하였고, 부처님은 아아난다 존자에게 그를 받아들이도록 이르셨다. 이리하여 수밧다는 부처님 께서 손수 귀의시킨 마지막 개종자이자, 마지막 제자가 되었다. 그리고 애써 노력한 결과 오래지 않아서 최고의 성위인 아라한과를 성취했다.

마지막 정경[108]

부처님께서는 아아난다 존자에게 말씀하셨다.

아아난다여! 여래는 법을 가르침에 있어서, 진리이기 때문에 공개적으로 가르쳐야 하는 교의와 비전祕傳의 교의라는 차별을 두지 않았다. 어떤 본질적인 가르침을 제자들에게 숨기는 '스승의 주먹 쥔 손[師拳]'과 같은 것은 나에게는 없다.

---

108 경의 인용은 《장부》 16경 〈대반열반경〉에서 뽑아서 약간 형태를 바꾸었음.

아아난다여! 그대들 중에 이런 생각을 하는 사람이 있을는지 모른다. '스승의 말씀은 끝났다. 우리는 이제 스승 없이 지내야 한다.' 그러나 아아난다여! 그렇게 생각해서는 안 되느니라. 내가 간 후에는 내가 설한 법과 내가 정한 율을 너희의 스승 으로 삼도록 하여라.

비구들이여! 어떤 비구들은 마음속에 붓다나, 법이나, 도 *magga*나, 도를 나아가는 방법 *paṭipadā*에 대해서 의심이 남아 있을 수도 있다. 비구들이여, 마음 놓고 물어라. 다음에 이런 생 각으로 스스로를 탓하는 일이 없도록 하라. 즉 '그때는 스승을 마주 대하고 있으면서도 세존께 여쭙지 못하고 말았다'고.

부처님께서 이렇게 말씀하시자, 비구들은 잠잠히 침묵 을 지켰다. 두 번, 세 번, 부처님은 비구들에게 똑같은 말 씀을 되풀이하셨고 비구들 역시 똑같이 침묵을 지켰다.

그러자 아아난다 존자가 세존께 말씀드렸다.

세존이시여! 이 얼마나 놀라운 일입니까? 세존이시여, 참으로 경이롭습니다. 저는 실로 여기 모인 비구들 가운데 붓다와 법과 도와 도를 나아가는 방법에 대해 조금이라도 의심이나 의혹을 가진 사람은 단 한 사람도 없다고 믿습니다.

세존께서도 아아난다 존자의 말을 승인하시면서, 덧붙여서 여기 모인 모든 대중은 수행이 가장 뒤쳐진 사람까지도 장차 반드시 구경의 해탈을 얻게 되리라고 말씀하셨다. 그러고는 잠시 후 세존께서는 지금도 또 미래에도 당신의 가르침을 따르고 싶어 하는 이 대중들에게 마지막 유훈을 남기셨다.

그럼 잘 들어라, 비구들이여!
내 그대들에게 간곡히 이르노라.
형성된 모든 것은 소멸하는 성질이 있다[諸行壞法].
방일하지 말고 힘써 정진하라.
Vayadhammā saṅkhārā, appamādena sampādetha.

이것이 부처님의 유훈遺訓이었다.[109]

———
109 [역주] 《장부》 〈대반열반경〉 II권 156쪽.

그러고서 부처님께서는 아홉 단계의 선정[九次第定]에 차례대로 드셨다. 먼저 네 가지 색계선에, 다음에는 네 가지 무색계선에, 마지막으로 느낌과 인식이 소멸한 경지인 상수멸처정想受滅處定에 드신 것이다. 그런 다음 거꾸로 이 모든 단계를 거슬러 내려와 초선에 이르신 다음 다시 제4선에까지 올라가셨다. 평온에 기인하여 마음챙김[正念]의 청정을 특징으로 하는 제4선에 다시 드시고는 곧바로 반열반에 드셨다. 부처님은 마침내 무여의열반無餘依涅槃[110]을 실현하신 것이다.

역사기록을 아무리 찾아봐도 지고한 부처님처럼 카스트, 계급, 신앙 또는 성별에 관계없이 일체 중생의 행복을 위해 전 생애를 바친 인물은 달리 또 찾아볼 수 없다. 깨달은 그 순간부터 생을 마친 그 순간까지 그분은 인류를 향

---

110 [역주] 무여의열반無餘依涅槃 *anupādisesa parinibbāna*: 유여의열반有餘依涅槃과 구별되는 말. 유여의열반은 모든 번뇌를 여의어 열반은 성취했으나 육신을 아직 여의지 않은 데 대하여, 무여의열반은 육신마저 끊어진 자리인 완전한 열반을 말함.

상시키기 위해 지칠 줄 모르고 온 힘을 쏟으셨다. 그분이
가시는 길을 가로막는 수많은 방해물과 불리한 조건에도
개의치 않으셨다. 또한 공익을 위한 노력을 잠시도 늦춘 적
이 없었고, 도덕적으로나 정신적으로 지쳐본 적이 없었다.
비록 육체적으로는 항상 건강하셨던 것은 아니지만, 정신
적으로는 언제나 또렷이 깨어 있어 활기에 넘치셨다.

오! 경탄스러운 승리자여,
지칠 줄 모르고 애쓰는 분,
모든 존재의 행복을 위해서
모든 살아 있는 생명의 안온을 위해서.

부처님은 이와 같은 분이셨다.

이제 부처님께서 반열반에 드신 지 2500여 년이 지났
지만 그분의 사랑과 지혜의 메시지는 인류의 운명에 결정
적 영향을 끼치면서 순수한 그대로 지금도 존재하고 있
다. 부처님의 사리탑 앞에는 매일같이 꽃이 숲을 이루며

바쳐지고 있고, 헤아릴 수 없는 수많은 사람들이 매일같이 '나는 부처님을 피난처로 하겠습니다*Buddhaṁ saraṇaṁ gacchāmi.*'를 거듭 외우고 있다. 그분의 위대함은 약한 불빛을 흡수해 버리는 태양과도 같이 오늘날에도 여전히 광명을 발하고 있고, 그분의 법은 여전히 세파에 지친 순례자들을 열반의 안전과 평화 속으로 불러들이고 있다.

저자 소개

삐야닷시 스님 Piyadassi Thera(1914~1998)

스리랑카 태생으로 출가 전에 날란다 대학과 스리랑카 대학에서 수학했다. 20세에 득도, 스리랑카의 저명한 고승인 와지라냐나 나야까*Vajiranyana Nayaka* 스님 밑에서 불법을 닦았다.

스리랑카 지도급 스님으로서 힘 있는 설법과 라디오 전파를 통한 포교사로 널리 알려져 있다. 동서양을 두루 여행하면서 불법의 메시지를 전하는 한편, 여러 국제 종교회의와 문화적인 모임에 남방불교 대표자로 참여하였다. 또한 스리랑카 불자출판협회BPS 간행 시리즈의 싱할리어 본本 출판물의 편집자를 역임하였다.

저작 중에서 〈고요한소리〉에서 출간된 책으로는 법륜·일곱《마음, 과연 무엇인가 *The Psychological Aspect of Buddhism*》, 법륜·열여섯《칠각지 *The Seven Factors of Enlightenment*》, 법륜·스물둘《연기 *Dependent Origintion*》가 있다.

저서

The Book of Protection: Parittā Recitals in English Translation (BPS)

The Buddha's Ancient Path (BPS)

Buddhism : A Living Message (BPS)

The Seven Factors of Enlightenment (Wh. 1)

Dependent Origintion (Wh. 15 a/b)

The Psychological Aspect of Buddhism (Wh. 179)

Four Sacred Shrines (BL. B 8)

The Threefold Division of the Noble Eightfold Path (BL. B 32)

Buddhist Observance and Practices (BL. B 48)

The Story of Mahinda, Sanghamitta and Sri Maha Bodhi (BL. B 57)

━━ 〈고요한소리〉는

○ 붓다의 불교, 붓다 당신의 불교를 발굴, 궁구, 실천, 선양하는 것을 목적으로 설립되었습니다.

○ 〈고요한소리〉 회주 활성스님의 법문을 '소리' 문고로 엮어 발행하고 있습니다.

○ 1987년 창립 이래 스리랑카의 불자출판협회BPS에서 간행한 훌륭한 불서 및 논문들을 국내에 번역 소개하고 있습니다.

○ 이 작은 책자는 근본불교를 중심으로 불교철학·심리학·수행법 등 실생활과 연관된 다양한 분야의 문제를 다루는 연간물連刊物입니다. 이 책들은 실천불교의 진수로서, 불법을 가깝게 하려는 분이나 좀 더 깊이 수행해보고자 하는 분에게 많은 도움이 될 것입니다.

○ 이 책의 출판 비용은 뜻을 같이하는 회원들이 보내주시는 회비로 충당되며, 판매 비용은 전액 빠알리 경전의 역경과 그 준비 사업을 위한 기금으로 적립됩니다. 출판 비용과 기금 조성에 도움 주신 회원님들께 감사드리며 〈고요한소리〉 모임에 새로이 동참하실 회원을 기다리고 있습니다.

○ 〈고요한소리〉 책은 고요한소리 유튜브(https://www.youtube.com/c/고요한소리)와 리디북스RIDIBOOKS를 통해 들으실 수 있습니다.

○ 카카오톡 채널(https://pf.kakao.com/_XIvCK)을 친구 등록 하시면 고요한편지 등 〈고요한소리〉의 다양한 소식을 받으실 수 있습니다.

○ 〈고요한소리〉 홈페이지 안내
  - 한글 : http://www.calmvoice.org/
  - 영문 : http://www.calmvoice.org/eng/

◦ 〈고요한소리〉 회원으로 가입하시려면 이름, 전화번호, 우편물 받을 주소, e-mail 주소를 〈고요한소리〉 서울 사무실에 알려주십시오.
(전화: 02-739-6328, 02-725-3408)

◦ 회원에게는 〈고요한소리〉에서 출간하는 도서를 보내드리고, 법회나 모임·행사 등 활동 소식을 전해드립니다.

◦ 회비, 후원금, 책값 등을 보내실 계좌는 아래와 같습니다.

국민은행	006-01-0689-346
우리은행	004-007718-01-001
농협	032-01-175056
우체국	010579-01-002831
예금주	**(사)고요한소리**

━━━ 마음을 맑게 하는 〈고요한소리〉 도서

금구의 말씀 시리즈

하나	염신경念身經
둘	초전법륜경初轉法輪經
	초전법륜경初轉法輪經 (확대본)
	초전법륜경初轉法輪經 (독송본)

소리 시리즈

하나	지식과 지혜
둘	소리 빗질, 마음 빗질
셋	불교의 시작과 끝, 사성제 – 四聖諦의 짜임새
넷	지금·여기 챙기기
다섯	연기법으로 짓는 복 농사
여섯	참선과 중도
일곱	참선과 팔정도
여덟	중도, 이 시대의 길
아홉	오계와 팔정도
열	과학과 불법의 융합
열하나	부처님 생애 이야기
열둘	진·선·미와 탐·진·치
열셋	우리 시대의 삼보三寶
열넷	시간관과 현대의 고苦 – 시간관이 다르면 고苦의 질도 다르다
열다섯	담마와 아비담마 – 종교 얘기를 곁들여서
열여섯	인도 여행으로 본 계·정·혜

법륜 시리즈

보리수잎 시리즈

붓다의 고귀한 길 따라 시리즈

단행본

This translation was possible
by the courtesy of the Buddhist Publication Society
54, Sangharaja Mawatha P.O. BOX61
Kandy, SriLanka

법륜·하나
부처님, 그분
- 생애와 가르침 -

초판 1쇄 발행　　1988년 4월 10일
개정판 10쇄 발행　2025년 3월 20일

지은이　　삐야닷시 스님
옮긴이　　정원 김재성
펴낸이　　하주락·변영섭
펴낸곳　　(사)고요한소리

등록번호　제1-879호 1989. 2. 18.
주소　　　서울시 종로구 인사동길 47-5 (우 03145)
연락처　　전화 02-739-6328 팩스 02-723-9804
　　　　　부산지부 051-513-6650　대구지부 053-755-6035
　　　　　대전지부 042-488-1689　광주지부 02-725-3408
홈페이지　www.calmvoice.org
이메일　　calmvs@hanmail.net
ISBN　　　978-89-85186-08-7

　　　　　값 1,000원

부처님 가계도

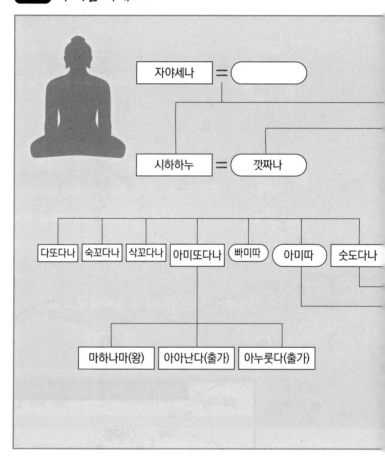

H.W. Schumann, *The Historical Buddha-The Times, Life and Teachings of the Founder of Buddhism*(Arkana 1989) ; 《빠알리 고유명사사전(*Dictionary of Pali Proper Names*)》(PTS) ; Edward J. Thomas, *The Life of Buddha as Legend and History*(1993) ; Narada Thera, *The Buddha and His Teachings*(1998) 등 참조.

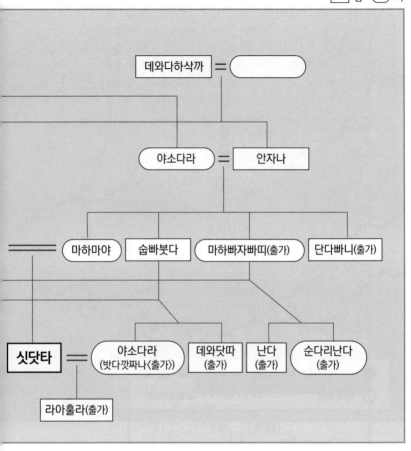

가계도는 원본에는 없는 것인데 독자들의 이해를 돕기 위해 부록으로 덧붙인 것임. 부처님 가계에 관하여 몇 가지 설이 있는데 여기서는《빠알리 고유명사사전 (*Dictionary of Pali Proper Names*)》을 주로 따랐음.《*The Buddha and His Teachings*》 에서는 '빠미따는 숩빠붓다의 비(妃), 아미따는 띳사 장로의 어머니 또 마하나마와 아누룻다는 숙꼬다나의 아들'이라고 표기되기도 함. [역자]